蹈水之道：学生期待的教育

赖雅丽 著

哈尔滨出版社
HARBIN PUBLISHING HOUSE

图书在版编目（CIP）数据

蹈水之道：学生期待的教育 / 赖雅丽著. —哈尔滨：哈尔滨出版社，2023.8
ISBN 978-7-5484-7520-0

Ⅰ. ①蹈… Ⅱ. ①赖… Ⅲ. ①中小学 - 班主任工作 Ⅳ. ① G635.16

中国国家版本馆 CIP 数据核字（2023）第 166367 号

书　　名：蹈水之道：学生期待的教育
DAOSHUIZHIDAO：XUESHENG QIDAI DE JIAOYU

作　　者：赖雅丽　著
责任编辑：李金秋
装帧设计：弘毅麦田

出版发行：哈尔滨出版社（Harbin Publishing House）
社　　址：哈尔滨市香坊区泰山路 82-9 号　　邮编：150090
经　　销：全国新华书店
印　　刷：北京建宏印刷有限公司
网　　址：www.hrbcbs.com
E-mail：hrbcbs@yeah.net
编辑版权热线：（0451）87900271　87900272
销售热线：（0451）87900202　87900203

开　　本：889mm×1194mm　1/32　印张：6.25　字数：138 千字
版　　次：2023 年 8 月第 1 版
印　　次：2023 年 8 月第 1 次印刷
书　　号：ISBN 978-7-5484-7520-0
定　　价：68.00 元

凡购本社图书发现印装错误，请与本社印制部联系调换。服务热线：（0451）87900279

有思想、有见解的教育学著作
——《蹈水之道》序

赖雅丽老师的这部《蹈水之道——学生期待的教育》，不但包含了著者创造性、独特性的教育思想、教育观念；同时在这本著作中，著者针对不少具体问题发表了自己的看法和观点；并且，书中对一些教育方式、方法的阐释很有新意，很有可操作性。可以说，这是一部较好地做到了理论与实践相结合、宏观思考与微观分析相统一的著作，值得我们关注和重视。

首先，这部著作提出了属于著者自己的教育思想、教育观念，很能开阔人的视野，启发人的思维。著者将本书书名定为《蹈水之道》，就是告诉我们要像寻找和掌握"蹈水"的规律一样，努力寻找和掌握教育的规律。我们从此可以见出，著者所站的出发点是很高的，视野是非常开阔的。著者在《有情怀的老师》一节中提出了教育思想对于教师的意义和价值，指出，只有教学经验，而缺乏教育思想的教师是不完美的教师。教学经验是技能层面，教育思想是精神层面，教学经验主宰的是学生卷面成绩，教育思想是引导学生正确的人生观、世界观、价值观，意义更加重大。因此，教师应当具备育人思想、育人情怀。在《怀德与藏器》一节，著者具体论述了怀德与藏器的内涵及二者的相互关系。著者说，君子怀德，"德"指的是在以人为本的基础上胸怀道德、品行或情操；君子藏器，"器"本意指的是用具，后被引申为才能、才华、学识、能力等，二者伴随人们一生。而这二者又应以怀德在前，藏器于后，这不仅是个人成长的需要，也是社会环境的需要。怀德在前，藏器于后，我认为，这就是一种特别值得肯定的现代教育思想。

其次，书中对不少有关教育的具体问题展开了分析，表达了著者自己的看法和观点，对我们很有启发。书中《圈养与放养》一节就对圈养与放养的问题做出了分析。著者首先指出，圈养式教育是指不逾越理性规则，不超越发展规律，伴随着家长、学校对孩子勉励与教育而形成的一种科学的、严谨的教育模式；放养式教育是指让孩子在一种宽松的环境中成长，让孩子从小就适当地接触自然、社会，较早地接受社会锻炼，有别于严厉的、教条式的应试教育。上述的界定应该说是大致准确的。那么，到底如何处理圈养与放养的关系呢？著者的回答是：圈养与放养，既对立又统一，动静一体，守破相融，张弛有度，能屈能伸找到平衡所在，才是合适的教育。我认为，著者这种辩证的、全面的观点是颇为科学的。书中《三观一直在路上》一节，讨论"三观"的问题，这是个平常大家议论得比较多的问题，但著者也谈出了属于自己的思考和看法。著者先这样解释"三观"："三观"指的就是人生观、价值观、世界观；人生观就是人这辈子怎么活，价值观就是人这辈子什么是最珍贵的，世界观就是这个世界是怎样的。三者虽然相互独立，却又是相辅相成，是辩证统一的关系。接下去，书中讨论老师如何培养学生正确的三观，著者特别强调如下几条，即：多读书；明事理；勤讨论；树榜样。我认为，这些都是著者从实践中得出来的有意义、有价值的看法。书中《反复激活心灵微光》一节讨论怎样面对后进生的问题，书中先进行了冷静的分析：大多数老师在教育教学过程中在应对后进生时存在困难与焦虑，后进生存在的问题共同点主要是缺乏自信与自律。缺乏自律的学生需要长时间监督，缺乏自信的学生需要长时间反复激活，也就是说解决这两个问题需要耐心，需要以反复的方式来激活。接下去，书中论析如何对后进生进行"反复激活"的问题。著者提出反复引导，反复激活学生的心灵微光，让后进学生重启上进心。教师不要因为看到后退了就灰心，就气馁，而应当认识到这是情理之中的事，进退皆在自己理解之中，便容易把握自己的理智与情感，在反复的过程中把后进同学引上上进之路。这样的论析，是很有道理，也颇有深度的。

再次，书中对一些大家熟悉的教育方式、方法的阐释，很有著者的心得，很有新意，很有可借鉴性和可操作性。书中《有情感的教学》一节，论析"有情感的教学"，其所提的问题是别人议论过的，但著者做出了自己的探索和解答。著者先对"有情感的教学"问题的重要性做了如下论述，教学是一种召唤：唤醒无知、吸引好奇、荡涤心灵。教师的工作核心在于课堂教学，课堂教学的理想境界应当是教师激情洋溢，学生精神抖擞，教师声情牵引，学生恍然大悟。接着，对于具体如何进行"有情感的教学"，著者根据自己的教学工作实践提出了如下几条：学问虽严肃，"放手"是真谛；传统虽严谨，出奇更制胜；责任虽沉重，激情产高效。我觉得，这样的论析是很切合实际的。书中《抓班风 固学风》一节，先这样解释"班风"：班风，是一个班级的风气，是一个班级的精神风貌。它是经过长期细致教育和严格的训练，在班集体中逐步形成的情绪上、言论上、行为上的共同倾向，并通过思想、言行、风格和习惯等方面表现出来，体现出班级的内在品格与外部形象，引领着班级未来发展的方向，对于班级建设具有重要的导向作用。接下去，对于如何培养良好的班风，著者提出了如下几点：班主任正其身而令则行；打造精良班干部队伍；制定目标丰富活动；严中突出爱，以爱揽人。这样的论析是很切合实际、很切合现实需要的。书中《教学难点趣味化》一节，著者提出，理想的课堂教学应该与智力因素和非智力因素的发展相关，在众多非智力因素的过程中，兴趣是学生接受教育的感情基础，是学生寻求知识、思维发展的巨大推动力。所以感兴趣的非智力因素，在教学过程中的作用越来越引起人们的关注。这里是在论析课堂教学趣味化（即让学生感兴趣）的重要性，具体如何实现课堂教学的趣味化，著者总结了如下几点：导入的趣味性；巧借趣味语言授课；注意引导学生关注身边的问题及热点问题；利用漫画教学，提升兴趣。这里的总结具有很强的可操作性，对他人很有借鉴作用。

  我和著者以前并不熟识，是朋友介绍相识的，说起来我们还是教育系统的同行，虽然著者从事的是基础教育，而我从事的是高等教育，但二者之间有许多相通之处，所以我在阅读著者的书稿后，也感到很受启发，很受教育，因而很乐意写下了上面的读后文字。

2023 年 1 月 13 日稿毕于
岳阳市南湖畔

CONTENTS 目录

悚与怀

- 002 有情怀的老师——不负如来不负卿
- 009 怀德与藏器
- 016 圈养与放养
- 022 哲学启蒙——认识"我"
- 030 "三观"一直在路上
- 036 阳光浩荡育万物
- 040 点亮每一颗星
- 045 反复激活心灵微光
- 049 恰到好处的爱
- 060 救赎之路——带领问题孩子走出迷茫

拙与巧

- 072 做一个"弱势"班主任
- 078 做一个"强势"老师
  ——凭什么让学生和家长信服你

- 086　胜在合作
- 095　从强制到习惯
- 099　撑起孩子的自信心
- 107　"责任田"里的能手——天生我材必有用
- 111　班主任的假期作业
- 117　特殊的礼物

教与学

- 122　有情感的教学
- 126　班主任的执行力
- 133　抓班风　固学风
- 140　我的带班方略
- 149　教学难点趣味化
- 154　运用"精导法"使课堂更加高效
- 162　育人小故事

家与校

- 166　家校合力成为孩子的坚强后盾
- 173　当前"三生教育"实施现状与改进策略分析
- 177　良好的家庭教育
- 181　"三生教育"的必要性与课堂教学
- 186　家庭学校社会三方合力推进"三生教育"
- 191　后　记

情 与 怀

情者,外界事物所引起的喜、怒、爱、憎、哀、惧等心理也。

怀者,心胸,胸怀也。

情怀,始于热爱。

教师情怀,当以德为立身之本。

有情怀的老师
——不负如来不负卿

人的温度，在于用善良点燃生活，温暖他人。

老师的温度，在于以善良为炉、学识为薪、激情为风，点燃生活，温暖他人。

"教师是立教之本、兴教之源，承担着让每个孩子健康成长、办好人民满意教育的重任"；"以赤诚之心、奉献之心、仁爱之心投身教育事业"；"有热爱教育的定力、淡泊名利的坚守"。要成为这样的合格教师，从一开始就应当对生活充满热爱，对教育充满情怀。

热爱生活，有的人说，家庭和和满满就是对生活的热爱；有的人说，每天开开心心就是对生活的热爱；也有人说，有大把的时间充实自己就是热爱生活……这都没错，每个人身处的环境不同，对生活的理解也就大相径庭，热爱生活的方式自然而然也不同。

作为一名教师，热爱生活的模样虽然不尽相同，但应当有一些共性，比如温度、宽度、高度、坦荡，等等。

夏丏尊曾说："教育没有感情，没有爱，如同池塘没有水一样。没有水就不能成为塘；没有感情，没有爱，也就没有教育。"爱就是温度，是生活中必不可少的点燃希望的火苗，不仅温暖自己，同时也照亮别人。温度的表现无处不在，礼让行人、扶危救困、敬老爱幼等，作为一名老师，不歧视，不打骂学生，备一杯热水，问一句近况，道一声你好，共一条跑道，同扫一次教室，这都是情感的表达，爱的传递，温度的辐射。

一、热爱，要有选择

兴趣是最好的老师，但再多的兴趣，也只有选择一二，通过坚持才能有收获。而所有的坚持都来源于热爱，坚持着做自己最喜欢的事情，这样人生才能不断地有"生"气，每一个人才能活得有高度，活得有意义，活得有价值，活得清心自在。

术业有专攻，"专"就是选择的结果，选择是因为热爱。各行各业中的佼佼者多是因为自己对行业的热爱而进行选择，之所以这样选择，是因为一是准确地了解自己，如能力、兴趣、志向等；二是了解成功所需要的条件和环境，如上升空间、价值观、获得感等。

孔子在吕梁游览时，看见一个汉子纵身跳入连鱼虾都不敢游玩的水流湍急的河中，大吃一惊，以为这个汉子有什么伤心事欲寻短见。不料，那汉子在游了几百步远的地方却又露出了水面，上得岸来，披着头发唱着歌，在堤岸边悠然地走着。这位汉子之所以能"与齐俱入，与汨偕出，从水之道而不为私焉。此吾所以蹈之也"，不仅是"长于水而安于水"，更多的是因生于水畔山间，择水而乐，才领悟、造就了自己的蹈水之道，将热爱演绎到道法自然的境界。

没有明确的选择，就练不好"静"字功，更谈不上热爱。职业选择，首选也应遵循内心的热爱。因为热爱，才会有执着、坚守、付出、奉献和信守，这些正是教育工作者所必备的素养，这些素养才是扛起教育事业的基石。

二、热爱，自带使命

梅贻琦先生曾经说："我们做教师的，最好最切实的救国方法，就是致力学术造就有用人才，将来为国家服务。"教育是一个民族最伟大的生活原则，是一切社会里把恶的数量减少、把善的数量增加的重要手段。（《教师应有一份家国情怀》刊载于《河南日报》2015年9月10日版）因此，家国情怀成了教师传递文明的注脚。一个国家的文明能薪火不熄、绵延相传，其中主要的纽带就是教师，搭起教育的桥梁，扛起文明的洪流。教师没有了家国情怀，国家、社会、个体的文明、文化就会造成时代的断层。

每一个学生，在心里都渴望和老师融洽和谐相处，学生年龄越小越信任老师、尊敬老师，老师说的就是真的，老师说的就是对的。为了给学生营造一个真善美的世界，教师的爱便成了这个世界的城墙。对孩子严厉是一种爱，宽容是一种爱，尊重是一种爱，有时候，放任他们也是一种爱，多与孩子交流，你会知道他们需要什么。有教育家曾说过，如果一个孩子在进入小学时还没有学会如何接受和付出爱心，那么这个孩子的人生将处于危险之中，他会遇到各种各样的困难，包括学术上的。因此，教师应以博爱之心给学生的心灵开启一扇窗，给他们一片敞亮、真诚的阳光，别只用一种监督、挑剔、严厉的眼神来看他们，这样会让他们感到害怕。

教师的使命不是局限的教学技能，重要的是思想精神的传递。只有教学经验而缺乏教育思想的教师，是不完美的教师。教学经验是技能层面，教育思想是精神层面，教学经验主宰的是学生的卷面成绩，教育思想是引导学生正确的人生观、世界观、价值观，意义更加重大。因此，教师应当具备育人思想、育人情怀。育人是个复杂的过程，又是一个庞大的工程，在实践中变得枝节繁多，教师就要树立以学生为本的思想，紧抓立德树人的教育宗旨。明白教育的目的是使人知行合一、成为人才，学生是一个不断发展的人，所以我们的教育不光是使学生在校成材，而且走出校门后还能成材。在教育过程中做到有教无类，"让批评也温柔"，"教育有点神奇但不是传说"，"教育有时候也需要遗忘"，"换个视角你会看到不同的风景"，"老师要俯下身子和孩子讲话"，等等，让学生获得尊严，获得价值，获得审视与觉醒。

三、热爱，要有胸怀

常常有人说"理想很丰满，现实很骨感"。骨感源于心胸，源于阅历，源于视野，源于性格，心胸小了，阅历少了，视野窄了，性格刁钻了，就会成为别人眼中的骨感，成为自己眼中的不平、低落、格局小与遇事不顺。教师所面对的人是很多的，除了庞大的同事队伍，更多的是一批又一批学生，众多学生可谓是百花齐放。作为一名教师，要培养新时代学生的大气魄、大格局和大眼界，首先就必须将自己的心胸扩大出一定的宽度，容得下优秀，更要容得下后进等特殊个体。宽容是一种美德，是一种修养，是一种智慧，也是一种教育方式。作为一名教师，以宽容之心对待学生，不仅维护了学生的自尊心，给了学生反思自己行为的时间和悔改的余地，而且能表现出教师的宽大胸怀和巨大智慧，也必然会赢得学生的信任和拥戴。宽容是一种爱，其魅力就在于它可以使人的思想改变，让人的灵魂得以重生。宽容能沟通师生间情感，增添师生间的期望和信赖。这也是热爱生活的一种具体表现，心胸宽阔不仅使自己有一个愉悦的心境，更是获得尊重的渠道。

曾经在国外教育圈很有声望的校长在中欧教育交流的时候对着一群中国访问学者和从事教育的人士以及在场的自己的中国学生，反复强调一句话：教师这个极度需要工匠精神的职业，它不仅承载和肩负着家庭、学校和社会的希望，也促进着全世界历史、文明和文化的交融和传承。由此可见，学生是否能上一个更高的层次，是否能将梦想延伸得更远，教师的高度便垫起了学生的起点。班主任是陪伴学生最久的老师，一言一行，一点一滴，都成了学生的示范。因此，教师的思想水准无论是对德、智、体、美、劳的认知，还是对时事新闻的感触，或是对人文历史的理解，应当有一个正确的、大局的、引导性的高度，这个高度来源于生活，又高于生活，这个高度也是学生攀登未来时更有利的梯子。

热爱生活，常抱微笑，是一种豁达，一种对生活的态度。有一位学者讲道：学生来到学校，无非就是看看书以此增长智慧、写写字以此陶冶情操、算算题以此培养逻辑思维、想想事以此学会规划未来，理论上没有一件事要让人绷紧肌肉的。想通了学生为何而来，为何而去，教师就应当只作明灯，心怀仁爱，豁达地照亮学生前行的路。尽管做一名快乐的老师很难，难在期望太高，于是很多时候恨铁不成钢。人之所以不快乐，多半是对自己说了不算的事想说了算，教师不快乐是对站在队伍之外的学生，不能一声令下便整齐划一。其实尽力去做自己说了能算的事情，就会快乐些许，教室就会如沐春风，教育才会春风化雨。一个普普通通的园丁，甘为学生铺路的老师，豁达地原谅学生无数的失误，无数次地引导学生回归轨道，才能铺就他成才之路。

热爱生活，只是教师的基本要求，也是所有人应当有的一种生活态度，幸福的起源就是热爱。一名合格的教师，更加宝贵的职业操守是有情怀，这种情怀不限于国家、博爱、思想、创新和奉献。

四、热爱，当生情怀

教育部原部长陈至立曾提出，"只有有创新精神和创新意识的教师才能对学生进行启发式教育，培养学生的创新能力。"意思非常明白：创新教育呼唤创新型教师。学生的创新精神、创新思维不是与生俱来的，创新学习的能力也不是自然形成的，学生的创新学习必须依靠具有创新精神的教师。因此，教师身负培养学生的使命，要明白在这个知识更新、教学理念更新的时代，唯有创新型教师才能培养出真正符合时代发展和时代需求的创新人才。学生经过不断观察、模仿、学习、思考、实践等一系列过程，才逐步形成了较为成熟的思想，获得符合新时期的知识与技能。这种创新，不仅仅是教学方法，而且是对生活、科学的不断发现，不断思考，不断总结，举一反三地将书本知识转化成一种新的认知、新的观念。因此，培养创新人才，是教师的神圣使命。

教师这一职业所承担的任务是什么？简单地说，就是立德树人。这是新时期党和国家对教师使命任务的明确定位，是国家的教育方针。那么，完成这一使命任务，教师必须具备的品质是什么呢？那就是奉献精神。托尔斯泰说过："如果教师只有对事业的爱，那么，他是一个好教师。如果把对教育带来的爱和对学生的爱融为一体，他就是个完美的教师。"时代对教师的要求越来越高，甚至趋向于苛刻，教师的奉献精神渐渐地隐去了原来的光辉。这并不意味着教师的奉献精神出现了缺失，或是不足，而是在严苛的要求下难以感觉到奉献的热度。其实，奉献是个广义词，不一定是惊天动地的大事，更多的是润物细无声，对于每一名教师来说沉下心来教学就是一种奉献。

教育工作无大事，全在于小事的积累，所有的点滴都因为热爱，所有的热爱都是情怀的绽放。中考体育时，教师俯下身子为学生抹活络油；抽屉里常备几包女生用的卫生用品；防止学生溺水，汛期时，教师顶着暑气不顾个人安危去巡查池塘；放弃自己的休息时间去结对帮扶；对不遵守纪律的学生，本着对他们的成长负责的态度，一样会严厉批评，等等。教师要做好这项工作，必须在这个过程中把自己的身心全部投入进去，细心观察，用心琢磨，不断反思、总结。只有这样，"立德树人"的艰巨使命才有可能完成。正是在这个意义上，人们才把教师称为"春蚕""蜡烛""灵魂工程师"。

甘愿负重，只因热爱，尤情怀，不职业。一手托着教育，一手托着生活，为了不负如来不负卿，老师注定要以饱满的热情拥抱教育。

怀德与藏器

凡举大事者，必以人为本；凡择贤良者，必以德为先，而后藏器于身，待时而动。

教育的目的是把受教育者培养成为一定社会需要的人的总要求。教育大师怀特海在《教育的目的》一书中指出："教育的目的是激发和引导他们的自我发展之路。"而怎样让受教育者能实现自我发展，本人认为首要任务是让受教育者学会怀德与藏器。

德指的是在以人为本的基础上胸怀道德、品行或情操，怀德指感念恩德，怀有德行。器本意指的是用具，后被引申为才能、才华、学识、能力等。藏器指储藏才能、胸怀才学。两者伴人一生，同时以怀德在前，藏器于后。这不仅是个人成长的需要，也是社会环境的需要。国家教育要求学生德、智、体、美、劳全面发展。就体现了以"德"为先，"德""器"并举的思想。

为什么要将"德"置于首位？因为"德"是千百年来人们认定的公理。

卢沟桥事变后，当地日本驻军和汉奸也附庸风雅，仗势向齐白石老人索要字画，遭到拒绝。后来，为了摆脱这些人的纠缠，齐白石愤而辞去教授职务，闭门谢客，还在门上贴着"自己已死"的条子，此德在于民族气节。

公共汽车司机在行车途中突发心脏病猝死，临死前他用最后一丝力气踩住了刹车，保证了车上20多个人的安全，然后他趴在方向盘上离开了人世，司机遵从的是职业之德。

年幼的马永恩一边读书，一边悉心照顾瘫痪的父亲，2020年带着父亲上大学，此德在于孝道；半夜陪着家长一起寻找离家出走的学生，此为师德；徒手抱接坠楼小孩，此为好生之德。

这些事例能得到社会的认可，是因为他们做了社会所需、人们所盼的事，这些事都承载着道德观念。道德无确切界限，大家认可的、推崇的、赞美的语言、行为就是道德，这不是与生俱来，而是靠后天的熏陶、教育、培养，这个熏陶、教育和培养需要家长、老师共同参与，社会环境培育，同时也要求家长和老师成为道德的标杆与旗帜，与孩子一起互勉同行。

具体从哪些方面培养孩子的道德观念与高尚情操呢？

一、 尊重生命是德育的底线

德育工作首先要教会孩子尊重生命，生命的重要性在此不做赘述。老师和家长在日常生活中要反复强调爱惜自己的生命，尊重他人的生命。生命只有一次，来之不易又十分宝贵，一切自我伤害和对他人身体构成伤害是错误的，是不尊重生命的表现。

校园霸凌与暴力不仅是家长所痛恨的，社会各界也密切关注这种行为，因为这种行为已触犯了道德红线，有的甚至已道德沦丧，学习成绩在此已经不重要了。

缺乏道德就是人性的缺失，校园霸凌与暴力是对生命的漠视与践踏，是社会不能容忍的，无论学业如何，都会受到社会的谴责、法律的制裁。

二、自律自爱是德育的升华

德育工作的第二任务是告诫孩子要自律与自爱。七年级政治课本上给自律下的定义是针对自身的情况，以一定的标准和行为规范指导自己的言行，严格要求自己和约束自己。自爱的范畴主要是自己爱护自己，也就是塑造自己具有良好的形象，珍惜自己的名誉，珍爱自己的生命。

一个人的形象，既有外在的方面，也有内在的方面。外在形象是看得见、听得到的，是有形地表露在外面的气质。如相貌、身材、穿着打扮、言谈举止，等等。内在形象则表现的是比较深层的气质，如性格、理想、品德、学识、情操、心理，等等。每一个自爱的人，都应该努力去美化自己的内在和外在形象。

这里所说的每一个人，指的不仅是孩子，还包括家长和老师。由于现在的社会竞争越来越激烈，许多负责的家长为孩子的教育产生焦虑，望子成龙望女成凤过于心切，形成错误的成败观，人生观、价值观随大流而扭曲，一厢情愿地要求孩子按自己的设置成长，强迫式要求孩子学习。也有不负责的家长，自己都不明白接受教育的意义，更不思考教育的方式方法，放任孩子成长，不了解、不掌握孩子校内、校外的情况，不闻不问孩子的诉求与学业，怂恿孩子为个人利益采用极端手段，等等，这是价值观、人生观发生移位后导致道德意识淡薄，一味地追求孩子快速"藏器"于身，自己都丧失了自律，哪能教出自爱的孩子？与其说是爱子心切，不如说是"打着爱的幌子"霸占在孩子成长道路的前面，因此就产生了许多坏结果。

三、 守信是德育的灵魂

守信也是道德的重要组成部分，两者是责任感的体现。《论语》中有："与朋友交，言而有信。"程颐说："人无忠信，不可立于世。"信，就是信用、守信，即能够按事先跟人的约定行事。没有良好的信誉、守信的美德、切合实际的行动是不行的。做人、交友、学习、工作，每时每刻都离不开守信。

老师经常拖堂占用学生休息时间，是失信；家长给孩子的承诺不实现，是失信；孩子对规定的作业马虎应付或不完成，是失信；不守时不提前说明的，是失信；答应的事情不能做到，是失信；摆摊小贩，缺斤少两，以次充好，是失信。

守信无大事，都由小事起，但小事能引发大事。一个经常不守信的人，无论他的能力与水平有多强多高，在别人心中就已下了"不可信"的定义，"不可信"的人无论走到哪儿，路都不会太长。因此，无论是家长、老师，还是教育孩子，对根本做不到的事情，不要轻易许诺；而一旦答应别人的事情，就要千方百计、不遗余力地去兑现。做到"一言既出，驷马难追"，不食言，对自己所说的话承担责任和义务，不允许自己给自己的信用制造危机，这样才能取信于人。

道德的范围很大，不仅是以上列举的内容，还有理解、宽容、文明、尊重、善良、诚实、正义等等，都是组成道德的因子。孩子的成长，是一场和家长、老师一起的伴行，只有正确引导、相互学习、相互督促，道德观念才会融入孩子心中，此时的孩子才能算是身心健康的人。

古人云："太上有立德，其次有立功，其次有立言；虽久不废，此之谓不朽。"立德之后，才有藏器待时而立功。对于学生来说，此"器"主要源于老师的教育，教育就是学知识、学技能。

立功，需心藏利器，如何才能获得利器，这就需要有"一技绝尘"的老师，有足够的技能全心传道；有归依老师尽心"受器"的学生，全力跟随老师学习本领；有配合老师的家长，为师生呐喊助威。

那么，一个优秀的教师怎样才能履行"授器"的职责呢？

"授器"或"受器"主要通过教学完成。作为"一技绝尘"的教师应当具备设计技能、语言表达技能、课堂教学技能、检查学习效果技能、听课与评课的技能和指导学生学习的能力。

1. 教学设计技能。

比教学流程更重要的是目标，为完美地完成目标，就需要有优秀的设计。让整个教学过程有目标、有任务、有分享、有激励，形成闭环，提高质量。这样的要求不是单独一个老师能完成的，需要集大家的智慧与力量，至少进行为期一年的校本主题研修、整理、撰写，并付诸实施。

2. 教学语言表达技能。

教学语言技能是由基本语言技能和适应教学要求的特殊语言技能两方面组成的。良好的语言表达能够渲染气氛，引起学生的情感共鸣；课堂语言能够调控情绪，吸引学生的注意力；幽默风趣的教学语言，让课堂更生动。因此，清楚合理地表达自己要说的意思，对学生的理解起到非常重要的作用，作为教师需要从口语、书面语、教态语三方面提升自我。将难懂的内容通过情境、通过编译为生活语言准确、流利、生动地表达，对活跃课堂气氛和调动学生学习热情有着极其重要的意义。

3. 课堂教学技能。

课堂不是单一的老师将知识输出，而是要让学生听得进、能明白、记得住、能提问、会答题、不乱阵。教师就必须从导入、讲授、提问、倾听、对话、板书等环节把握课堂节奏，及时进行创新，实施启发式教学，注意课堂中的趣味性，从而吸引学生兴趣，保证课堂的顺利进行。

4. 检查学习效果技能。

学习效果检查是一项考验师生是否用心、是否务实的工作，做好这项工作需要有合理的、先进的评价指标。课堂表现、作业的完成、批改、集错、反思，测评，与家长的及时沟通等，全方位地获取反馈，既了解学生状况，又及时弥补了师生间各自的不足与漏洞，同时也督促师生双方共同脚踏实地地前行。

5. 听课与评课的技能。

听课不是目的，是手段，是途径。通过听课达到辨别课堂教学优劣，观察其他教师的教学效能与学生的学习效果，学习其他教师优秀教学方式方法，反思自己在以后的教学过程应当注意哪些方面，改进哪些方面，从而提升自我课堂教学研究的水平和质量。评课就是对照课堂教学目标，对教师和学生在课堂教学中的活动及由这些活动所引起的变化进行价值判断，属于教学常规活动。通过评课借鉴他人的成功经验，结合自己的特点提高富有个性化的教学水平，提高教师们运用教学理论、教学方法的能力，对教学改革具有推动和促进作用。

6. 指导学生学习的能力。

教学，有教有学。学在于学生，要做到胸怀利器，单靠教师一厢情愿是行不通的，学生需要有一系列的学习方式与方法。教师在指导学生端正的学习态度、制订的长期目标和短期目标、采用合适的学习方法等方面要紧密跟进，随时过问。

十年树木，百年树人，树人主要是树德，而后是怀器。立德是做人做事的基石。当然，社会要发展，科技要进步，又离不了藏器。只有德才兼备，才能成为国家的栋梁。

圈养与放养

到底是遵循无规矩不成方圆，还是寻求披云雾睹青天，是个值得衡量的问题。

教育方式、途径与目的，一直以来是世界各国颇具争议的大课题。我国的教育方式、途径以无规矩不成方圆的圈养方式为主，发达国家以表象为披云雾睹青天的放养方式为导向。

什么是圈养，什么是放养，学术界没有明确的定义，我们仅凭事物的发展现状与态势做出一个一般的归纳。圈养式教育是指不逾越理性规则，不超越发展规律，伴随着家长、学校对孩子勉励与教导而形成的一种科学的、严谨的教育模式。放养式教育是指让孩子在一种宽松的环境中成长，让孩子从小就适当地接触自然、社会，较早地接受社会锻炼，有别于严厉的、教条式的应试教育。

圈养与放养各有什么利弊？哪一种更适合应试教育？

圈养的孩子更有规矩，更懂礼貌，做事态度端正，实际应变能力较弱，多数是人们心目当中的乖孩子；懂得自我约束；容易适应社会的规则；在圈养的环境下能更好地规划自己的人生。

但是，圈养的孩子因为环境受限，思想约束，造成自己的想法和目标存在漏洞、缺陷，主见少；缺乏挑战精神，依赖性强；视野比较狭窄，对新鲜事物与环境的接受比较滞缓，适应能力弱；过度圈养容易让孩子变得刻板，缺少乐趣与变通思维。

放养的孩子更有自己的个性，思维活跃。父母的约束少，利于激发孩子的潜能，使得孩子更有主见，动手能力强，学习和生活上更易独立，有创造、创新能力，常常能突破规矩，处理事情方面与众不同，适应性可能更强，有冒险精神，从长远角度出发，这类孩子未来的路更广更远。

但放养的孩子容易我行我素，任性、难以控制；不讲规则，为所欲为；缺乏对诱惑的抵抗力，因而"三感"容易跑偏，做事容易犯错，过度放养的孩子很多时候会成为父母的心头痛，甚至成为"众恶之"。

造成圈养、放养的不同境况，原因是多方面的，而最主要的因素与孩子的原生家庭有关，因为孩子教育的主体责任人是父母或监护人。

选择圈养方式的家长，主要是因为对孩子的期望值高，希望孩子在自己的强度管束下按自己的意愿成长，这样的家长，大多是自我约束能力强，于是管教孩子也比较严厉。无论是生活还是学习，时刻关注，处处指点，时时纠正孩子的错误行为与举动，无论大小事都要插手干预，一切认为自己是正确的，一切是为了孩子成长，为了避免孩子在错误的道路形成习惯。这种教育方式不利于孩子独立，对父母依赖性比较强，在未来的生活里有一定的奴役性，需要别人时刻督促才能前行，这样的孩子容易对生活失去动力。

选择放养方式的家长是两极分化的，一类是非常有实力的家长，对自己的教育方式和孩子的个人充满自信，这类家长主要关心孩子的身心健康，有能力支撑、掌控孩子的个人兴趣爱好，学习上能出一些指导性意见，心理上在合适的时候给予疏导，但不会时时事事插手；另一类是缺少对孩子监管与教育的能力，这类家长主要关心孩子安全健康地成长，教育缺位，对孩子的人生规划没有具体要求，比较在乎孩子的感受造成孩子自制力差。放养方式的孩子性格一般都很开朗，自己独立思考能力强，在未来的发展中，可以激发出更大的潜能，但由于缺少约束观念，因此也容易出错，甚至犯错。

实例分析：许多研究数学的留学生坦言，在上大学前中国学生的数学以绝对优势碾压外国学生，口算能力非常强，张口能背诵 $\sin 30°$、$\cos 60°$ 的结果，而此时的英国、美国学生还在用计算器计算，将公式抄在便条上带入考场。可在大学后需要更多的数学理论，而不是考查计算能力，此时，中国学生的弱点就凸显出来，中国学生在理科的创造性方面多数人总会迟缓于发达国家，甚至连印度都是后来者居上。这就是从时间段上看圈养与放养的平衡值，应试需要圈养，创造需要放养，但又不是绝对或界限分明。

圈养和放养两种教育方式各有千秋，两种方式的核心内容是什么呢？圈养不是溺爱，也不是禁锢；放养不是放任，更不是纵容。

圈养成为溺爱，就会使孩子没有了生存生活能力。

圈养成为禁锢，就会让孩子积怨成山，离家便成出家。

当放养成为放任甚至成为纵容，孩子的犯错率就会直线上升，且纠正难度增大。许多老师反映父母不管的孩子很大部分就是班级的"刺头",生活学习上都没有好习惯,泡网吧、抽烟、喝酒、吵架等等,无所不为,犯错后屡教不改,与家长谈心时家长还表现出无所谓,甚至把学校当作"看管园"。这也是放养最致命的缺点,在孩子出现行为异常时,父母不能够及时发现,更不会及时止损,导致孩子误入歧途。特别是当孩子进入叛逆期,其恶习表现得更加淋漓尽致。单从学业上来说,这是毁了孩子;从成长角度看,孩子只有在社会上摔过许多跟头、吃了很多亏后,才会从教训中醒悟。

因此,在家庭教育上,没有绝对的放养和圈养。家长只有订立孩子成长的合适的小目标,正确掌握好两种教育方式用法,提取两者的优点,进行结合,才是较好的教育方式。

国外的教育,表象上是以放养为主,但不是放任。

为什么美国的基础教育会给人快乐教育的印象呢?人们总认为是放养的结果,其实主要原因是制度设计。

美国基础教育阶段的课程设置和要求充分遵从了学生心理发展的特点和规律,在幼儿园和小学阶段,尊重儿童活泼好动乐于探究的天性,给予学生大量的时间去探索和接触大自然和社会,从中获得基本常识;从初中阶段开始,加大课业负担,通过提供选修课等方式,让学生发现并强化自己的爱好和特长,为学生的个性发展提供选择空间;在高中阶段,在提供选修课的同时提供大学预选课程,满足不同学习能力的学生需求,同时为学生开放各种展示自己能力的机会,为进入大学进一步深造或就业做好准备。另外一个原因是尊重孩子的个体差异,鼓励孩子做最好的自己。

日本学生的学习也不轻松，从日本倍乐生综合教育研究所第5次学习基本调查结果来看，与2006年比较，日本中小学生平日与节假日休息学习时间有较大幅度增长，其增长的时间主要花费在各类补习机构上。一般一个学生同时上3至5个补习班，已习以为常。

据日本倍乐生综合教育研究所2015年的调查，小学生、初中生和高中生每周3天在补习机构的比例分别为14.4%、11.4%和10.5%。其中，在补习机构的学生中，小学生每周为2.4天、初中生每周为2.2天、高中生每周为2.6天。从上补习班的时间上看，小学生平均时长为128.7分钟、初中生为108.4分钟、高中生为109.4分钟。

意大利的孩子在学习、成长方面相比较而言，放养的尺度更大一些，小学、初中阶段，家长基本不管孩子的学业，假期或空余时间更多是鼓励孩子亲近大自然、共同参与社会生活活动，因此孩子们的动手能力和冒险精神更显优势。学校在孩子的学习管理方面，只要学业和纪律不是太差，不会与家长有太多沟通，也不会苛严地要求学生，交代的作业多是要学生自行查找、思考答案。

由此可见，发达国家的教育，看似放养、快乐，实则是在宽松的学习环境下各项任务敦促孩子奔跑，只是更加注重孩子的个性化发展，更加注重孩子深入生活、实践生活。

在孩子不具备认知能力的幼年、少年期，家长担责要多，从外面看也就是圈养。等孩子到了青少年、青春期，家长就要逐步调节自己的管控范围和力度，释放权限给孩子，让他自主地应用前一阶段形成的好习惯,去探索和完善自己的世界观。这样才能青出于蓝,否则孩子只能在家继承父母已有的观念。

作为家长,如何平衡圈养与放养,让孩子在成长的路上不迷茫、不胆怯、不放任呢?

首先,家长要懂得换位思考,尊重孩子的想法。孩子是前进者,需要明灯照亮,家长如灯塔,为孩子的前进指引方向,理解孩子的每一步,鼓励孩子大胆走,尊重孩子选择的路,跨出光芒面临黑暗时,及时提醒及时指引。

其次,不居高凌人,要善于沟通。随着孩子长大,自尊心和主观意识越来越强,家长要懂得蹲下来与孩子沟通,不要以家长的身份与付出以命令的口吻要求孩子,这会让孩子感觉到压力,甚至产生恐惧。

第三,相信孩子,鼓励孩子的长处。孩子喜欢的事多加鼓励,这是对潜力的发掘,孩子不喜欢的事,不要强行相加,强加之事,事倍功半,这会让孩子感到身心疲惫,甚至厌倦。属于孩子自行支配的时间,家长除了告诫孩子事情的是非对错,不要去干预他在干什么,相信孩子在做自己喜欢做的事,让孩子在自己的时间内找到乐趣。

圈养和放养,既对立又统一,动静一体,守破相融,张弛有度,能屈能伸找到平衡所在,才是合适的教育。

哲学启蒙
——认识"我"

> 我是一只候鸟，
> 冬南夏北。
> 扇动着翅膀，
> 飞越蓬蒿与俗世，
> 只为脱了宿命，
> 遁入阳光。

很多人在固化的环境下总会间歇性地出现迷茫，诸如"我从哪里来""我要干什么""我将去哪儿"等"5W"困惑。中小学生由于心智尚未完全成熟，面对这些困惑往往难以进行自我调节，表现出厌倦学习、沉迷游戏、是非观弱、遇到困难沮丧、缺乏勇气、不够自信等现象。产生这些困惑的主要原因是在"认识自我"上不够充分。

任何人自有意识开始，便会逐渐形成三个"我"：客观我，即自我，生活中负责处理现实世界的事情，如吃饭、睡觉、学习等，这些是在日常生活中有具体体现；主观我，即本我，代表欲望，受意识遏抑，如我想做什么，想得到什么，不想要什么等，这些大多是在能力范围内能完成的；内心追求的我，即超我，是良知或内在的道德判断。

教育如果不能解决对自我的认识问题，就会迷失教育本源，舍本逐末。现实生活中出现教师为了工作、为了生活而当教师，学生为了家庭、为了打发光阴而读书，为了亲人开心而进校园这些现象，都与教育的本义背道而驰。教育不仅培养技能，更应当唤醒灵魂，培养美好人性，激活内在生命。

中小学生的"我"主要是客观我和主观我。班主任作为与学生相处时间最多的老师，接手一个班级就应将培养学生充分认识"我"作为第一堂课，并贯穿整个学段。

那么班主任应当从哪些方面引导中小学学生较为清晰地认识"我"呢？

一、 正确认识成功与失败

成功与失败是每个人应当从小就理解并接受的概念与现实。美国的心理学家伯纳德·韦纳认为："人们对行为成败原因的分析可归纳为六个原因：能力；努力；工作难度；运气；身心状况；其他。"大家都希望能够取得成功获得周围人的认可，但孩子毕竟是孩子，各个方面都不成熟，一旦失败了，他们就会不高兴，班主任要在平时的学习生活中培养孩子受挫折的能力，让孩子知道失败并不是一件坏事，成功并不一定就证明了孩子的能力。即使失败了也并不意味着什么，要有"输得起"的心理，归纳出成功或失败的原因。因为学生会把学习的成败归结为不同的原因，产生的不同情绪会影响自我效能感；而自我效能感的高低反过来又会影响学生的归因方式。班主任培养孩子正确面对失败的能力并不是短期内就可以达成的，而是需要长期的教育。教育家德韦克博士提出，获得成功的很大关键在于去相信成为一个"成长型理论家"——所以当失败或失意发生时，你已经准备好投入必要的自律、努力、耐心和勇气来克服它们！基本上，自律、努力、耐心和勇气是孩子们成长中所信奉的极为重要的核心价值观。

连续不断的失败，使人觉得自己好像走在一条漆黑的隧道里，并且一辈子都将待在里面。我们需要相信自己，相信我们总有一天会走出隧道。只要有人在隧道尽头给一点点光亮，我们就可以看到隧道的出口，知道自己应该往哪里走，从而走出黑暗。成功走出黑暗的关键在哪儿？在于那个给你一点光亮的人，那就是班主任。

当几次考试下来，多数学生的成绩不尽如人意时，班主任可以与其他科目的老师协商考一两次难度相对低的试题，让学生看到希望，提升自信，然后让各科教师指出他们的优点与失分的原因，有的放矢地查漏补缺，让学生有明确的学习目标，做到下次成绩有所提高。合适的时候，教育学生面对失败要坦然接受，生命中的不如意有十之八九，失败了不要气馁，不要一蹶不振。积极地分析失败的原因，总结失败的教训，实时做出改变，以此避免再次失败。

二、 理性认识尊重与轻蔑

尊重与轻蔑是在复杂的社会氛围中逐渐养成的，一个是人的正面，一个是心的反面。如果要把尊重分开来看，顾名思义，所谓尊，即尊严；所谓重，即重视。简单来说，重视尊严。尊重体现在我们的生活中就是要重视我们身边人的尊严，体现在教育教学过程中就是师生之间相互重视对方的尊严。而这一点如果具体体现在中小学教学阶段，尤其是低年级阶段，这就需要老师们充分发挥言传身教的作用。轻蔑的形成大多是将自己置身于一个高地，对低洼的一种俯视与不屑，甚至是蔑视，这种行为的发源有可能是自己真正意义地处于高维度，也有可能是只是思想意识上的不同认知。

每当一个人向另一个人阐述一件事情时，如果他人表现得逻辑不清、陈述拖沓、言不及义时，倾听者会断然打断对方的谈话，大喝一声"说重点"！这一刻这名倾听者可谓"大义凛然、义正词严"，瞬间成了正义的化身，昂首屹立于"绝对正确"的道德制高点之上，倾听者此时的名字就是"蔑视"。

尊重与蔑视是心理行为转化成行为表现，任何人对这种行为表现不是与生俱来，而是因家教、学校、社会多方面因素潜移默化的影响而产生。

作为教师，在教育教学中要了解学生，尊重学生，是构建和谐师生关系，进而促进教育教学获得最佳效果的基础，师生之间相互尊重是和谐师生关系建立的基础。作为班主任，更是承担这一责任的主角。

教师的"自我尊重"是一种潜在的，随处可播的种子。例如学生在不经意间做出一些不太合常理的事时，只要不是原则性的，教师应充分理解学生的积极心态，宽容学生。把尊重学生的理念转化为自身的行为并传达给学生，使学生在潜移默化中领略到尊重的含义。教师如果犯错，就应该勇敢地、大胆地向学生承认错误。这样，学生会感到教师与我们一样也会犯错误，并不是高高在上的，这样，教师的威信不仅不会降低，教师的人格反而会提高，更能赢得学生的尊重。

在学习生活中，班主任应时时刮起尊重之风，吹落偶尔存在的蔑视尘埃。礼貌待人，欣赏他人，记住别人的名字，不嘲笑和讽刺别人，不相互攀比，等等，都是尊重他人的表现。

孩子喜欢模仿长辈的行为举止，所以要想孩子尊重他人，长辈必须做好榜样，尤其不要在背地里说别人坏话。要让孩子知道他人的辛苦付出，比如想让孩子尊重"大白"，就要让孩子知道"大白"平时工作有多累。要尊重他人切忌随便地指责别人，所以要教会孩子不可以对别人指指点点，这样是很不礼貌的行为。

三、科学面对知之与不知

"知之与不知"出自孔子的"知之为知之，不知为不知，是知也"，孔子的话强调对待学问要实事求是，意思是知道的就说知道，不知道的就说不知道，是科学的、老实的学习态度和学习品质，具有重要的现实意义。知之有什么用？它可以帮助人们做出决定。因为我们是根据已知的东西来做出决定的；当我们处在不知的时候，就没有办法做出选择或决定，于是只能靠偶然或是让别人代替自己做决定。

"知道"是具有对事物的穿透力，穿透力能让人获得自由。在学习中掌握了知识，有了常识与技能，便知道怎样安全地过马路，这会让人感觉自由；能够在没有大人的陪同下购物，能够自如地运用电脑，这都会让人感觉自由。平时人们常说"不知者无罪"，其实，在新的时代里不知者应当有罪，九年义务教育普及的年代学了些什么？学了许多生活常识，而恰恰是在学常识的时候没有弄懂，长期处于"不知"的状态，于是成了一个"不知者"，一个自己得不到自由，还让别人也不能自由的"不知者"。

班主任是了解学生学习情况最多的老师，特别是在考试成绩、作业情况和回答问题方面，能从各科老师那里了解一手情况。除了其他老师对学生灌输"知之为知之，不知为不知"外，班主任应当找更多机会告诉学生这个道理。这会让学生在进入社会后，拥有一双批判的眼，有一颗勇敢的心。世界上所有的新发现，归功于这些有批判精神的人。

四、辩证看待语言与行动

"言必信，行必果"。语言和行动之间，既有很大的差别，又密不可分。语言在诞生之初，就有着进行社会交往的功能。在一定程度上，语言是社会法则和社会规范的反应。行动才是最能反映一个人的本性。语言上，我们在做一个"十全十美"的人，行动上，我们也许是一个矮子。

鲁迅曾经说过，对现在的年轻人来说，最重要的事情是做，而不是说。正因为如此，先进的知识分子开始领导旧中国，通过革命道路建设我们的新中国。没有行动，今天就没有我们。行动，就像帆船上的指南针，指引方向。只有通过行动，我们才能获得成功的经验，到达理想的彼岸。

语言碰触心灵的重要模式是行动。学校组织师生春游，班上一个女孩表示不参加，作为班主任任何活动不让任何一个学生落下是我的要求，除非有特殊情况。同学们极力鼓励她，她只是微笑，我去询问她，她也只是怯懦地微笑，后来我偷偷地给她家长打了个电话，才知道她家的窘境。我默默将她的费用交了，并告诉她景区有一个幸运大抽奖，可免费游玩，而她正是这个幸运儿。她很开心，欣然同往。后来，她成了班级里最认真的学生，中考时考上了本地最好的高中。回想她的历程，她的语言温暖过我，她也用行动温暖了自己。

行动比语言更有说服力，如阿拉伯谚语，"被行动证明的语言是最有力的语言"。在教育学生方面，老师应当以自己为榜样，语言有温度、有力度，行动做证明、做示范，让学生看到、感悟到言行合一才是最高境界。

时间对学生来说至关重要。世界本无时间，只有生生不息的运动，运动体现着生命万物的生灭、始终或过程的排列。为了让生灭、始终或过程更加精彩，人们定义了时间，即在此有限的过程中该做些什么，不该做什么。草木芬芳，过时凋零，时光已逝，青春不再，岁月蹉跎，不能让自己的人生空空如也，回忆无物。教师要盯住学生的时间，让他们认识时间去而不返，运用时间充实自我。

将事情分清主次，根据事情的重要和紧迫程度，每天把要做的事情排列出来，然后再有序地完成。如学业在前爱好在后，训练在前娱乐在后。又如明天要进行数学考试，今天下午有体育训练和演讲比赛，晚上要练习口语。这四件事在等你完成，很明显，首先应该花大量时间复习数学，准备明天的考试；其次，参加演讲比赛；体育训练应该可以缓一缓，不能一蹴而成的口语练习则可以推后。

充分利用最显效率的时间。由于每个人的生物钟不同，所以每个人在不同时间做事效率不同。如有人最佳状态在早上，那就应该把自己最重要的任务安排在清晨，可以背课文、单词。有人是在晚上，可以将白天课上讲的内容复习巩固一下。临睡前可以把这些内容在脑海中放电影，记住不会的地方，第二天再向老师和同学请教。

适当地休息缓解疲劳与放松心情。适当地变换学习的内容，不同学科交叉学习可以缓解大脑的疲劳，提高学习的效率。变换一下身体姿势，进行一些体育活动，可以消除疲劳。学习一定时间后就出去走一走，看一看，缓解眼睛的疲劳，制订作息时间表，严格按照作息时间表执行，长期坚持，既养成良好的学习习惯，也养成了规划时间的习惯。

哲学启蒙，是让孩子在以后的成长道路上视野更加开阔，分析事物更有逻辑，对待变化更理性，认识自己更客观。

"三观" 一直在路上

世界很美，
我却买不下千姿百态的风景，
于是　决意行万里路，
将美景刻入眼中。
可我的眼睛很小，
有时　竟容不下一滴泪。

每个时代教育事业都带有明显的时代烙印，但推动社会进步，发展社会文明，传承优良文化始终是其内涵意义。社会发展程度越高，社会竞争越激烈，给教育带来的挑战和冲击更大，各种理念的嬗变和冲突，同时越发使教育容易迷失方向，陷入迷雾。特别是在当下，我们要让教育在时代发展中始终能够指引方向，就要坚守初心，培养学生正确的"三观"。

"三观"指的就是世界观、人生观、价值观。通俗地讲，世界观就是这个世界是怎样的，人生观就是人这辈子怎么活，价值观就是人这辈子什么是最珍贵的。三者虽然相互独立，却又相辅相成，是辩证统一的关系。树立正确的世界观、人生观和价值观，是马克思主义理论与思想政治教育的重要内容。世界观是一个人对整个世界的根本看法,世界观建立于一个人对自然、对人生、对社会和精神的、科学的、系统的、丰富的、认识的基础之上,要求我们政治要强、情怀要深、思维要新、视野要广、自律要严、人格要正;要具有积极性、主动性、创造性。青少年要学习焦裕禄精神,为国家和人民的事业任劳任怨、无私奉献,以实际行动推进科学发展、促进社会和谐、造福人民群众。

人生观是关于人生目的、态度、价值和理想的根本观点。其表现为苦乐观、荣辱观、生死观。加强思想道德上的积极性、理论性、针对性和亲和力。人生的最大价值和意义,在于努力为人民服务,无私地把自己的一切精力贡献给社会主义事业。

价值观是指一个人对周围客观事物的意义、重要性的总评价和总看法。价值观是人们对社会存在的反映,是通过人们的行为取向及对事物的评价、态度反映出来的,是世界观的核心,是驱使人们行为的内部动力。

有了正确的三观,才能对事情做出正确的分析,对自己的人生有一个正确的规划。

事实上,由于种种原因,人们的"三观"出现了或多或少的问题,甚至出现扭曲,出现错误的思想导致错误的行为。当然,三观本身就是一个巨大的课题,一是认识自身具有相对性,二是社会需求日益多元化,三是社会对非传统价值观越来越宽容。

现状不对等,思维便难对等,思维不对等,三观就出现反差。因此,正确的三观应当从小培养,这是人一生中不可或缺的一课。

三观的根源无非就是"良知、公知和道德",做一个有良知的人，做一个合公知的人，做一个讲道德的人，这便是三观理论的基石。

班主任老师应如何培养学生的三观呢？

多读书。曾有一句俗语，"如果一个人不读书，他的价值观就只能由亲朋好友来决定，因为他没有别的知识获取渠道。"这是告诉人们读书可以使我们形成正确的三观。从我们成长的过程中看，小时候活在童话里，少年时渐渐活进了科学里，成年时活在人文科学里，老年时活在了人文哲学里。读书不仅能够开阔眼界、增长知识、提高素质，还能够怡情养性、提升境界、远离低级趣味。清人萧抡谓说："一日不读书，胸臆无佳想，一月不读书，耳目失精爽。"的确，一个人的兴趣空间是有一定排他性的，如果不用读书这类高雅的兴趣去占领，就会被低级庸俗的趣味占据；一个人如果不读书、不学习，必然言之无物，风度、气质、修养就不会提高，人就会变得粗俗。经常看书的人思维会更加缜密，看待问题的角度和想法更多，因为学习做事更加有条理和章法。不经常读书的人往往更多依赖直觉，经常读书的人看事情更加深刻，更容易透过现象的本质看到事物本来的模样，抽取和归纳规律，而不会被事物表象迷惑。而不经常读书的人如果阅历也不够，就很容易一团糨糊。

明事理。作家余秋雨曾经说过："每一个人都有一个死角，自己走不出去，别人也闯不进去。我把最深沉的秘密放在那里，你不懂我，我不怪你。"这是一种明事理，明事理的人遇事时都能看得开、装得下、担得起，面对纷繁复杂的关系时能识大体、顾大局，不为一些鸡零狗碎的事务所纠结、干扰。如在生活当中,有学生以自我为中心,对父母的苦口婆心不予以理睬,自己想干什么就干什么,就像是青春叛逆期没结束似的,父母拿他们也没有办法,常常是随他们任性。有被不良朋友们拉入歧途的,打架、斗殴造成对他人的伤害,也可能被不良朋友拉进传销、诈骗等犯罪的道路。这些事,在任何人眼里都列入"不明理",也就是违反了公知。

勤讨论。讨论出真知,三观题太大,我们只能通过发生的事来感悟、评判,认识事情的对错。积极参与讨论、敢于发表自己意见的习惯,既培养学生的表达能力,又培养学生的合作精神和团队意识,最重要的是能够听出大家对三观的理解。

如小李同学近几天上学都迟到,小组同学有意见,因为影响到小组每天的积分。班主任找出一个空当时间,要小李同学陈述一下迟到的原因,让同学们分析一下对错。原来,小李是位留守学生,与奶奶生活在一起,近几天他奶奶病了,他需要给奶奶准备好早、中餐,因此迟到。

"这应该让他爸爸妈妈回家照顾他奶奶。"

"这应该找邻居帮忙。"

"这应该先告诉老师。"

"这应该多准备一些面包在家。"

七嘴八舌,五花八门,各有各的道理,又不尽如人意。

"老师,他的这个情况我认为值得表扬,也请您帮忙不要扣他们小组的分。"一个女孩站起来说。"李同学能给奶奶准备好早、中餐,说明他能做饭,比我们强,更是孝敬老人的表现,他没有告诉别人,应该是不想给别人添麻烦。"

这是我想要的答案,于是,告诉同学们,迟到是小事,做一个讲道德、有良知的人才是最重要的,我将这个小组被扣的分加了回来。

"老师,我离李同学家比较近,我愿意去帮助他。"张同学态度坚决地跟我说。

我趁机又给同学们讲:"乐于助人是正确的人生观,帮助别人自己开心是价值观,有人有困难而又有人帮助,说明世界是多么美好,这是世界观。"

教学中除了按计划有目的地安排课堂讨论之外,常常还要根据上课的进展需要组织讨论,常言道:"机不可失,时不再来",关键是抓住机遇。培养学生的三观无处不在,可以是认知方面、情感方面、现状方面和课堂中相关知识方面的拓展。

树榜样。学生阅历少、视野窄,因此在三观认识上不够全面。作为老师,就应给学生树立榜样,影响一批,辐射一批,传播一批。

正确地评价事件。当老师看到一些新闻的时候,往往会在孩子面前说一些比较偏激的言论,而孩子就算再小也是会有自己思维能力的,往往老师说了一些偏激言论的时候,孩子的思维也会受到老师的影响,从而改变自己的对错观念,所以想让孩子有一个正确的三观,那么老师就不要轻易地评价一件事情,并且凡事都要从全方位的角度考虑,正确地引导孩子看待一些事情。注意自己的语言,有些老师在孩子面前说话的时候经常是很随意的。想要孩子的三观正,那么在语言上也需要注意,平时在同事面前领导面前,老师一定要多说"您""请""谢谢"这些字,行动上礼貌待人。想要学生的三观正确,老师就要在日常生活当中做到礼貌待人,尤其是带学生进行活动时,如果不小心和别人发生了一些矛盾的话,那么老师这个时候一定要告诉学生礼让三分,并且态度要温和,千万不要得理不饶人斤斤计较,这样孩子长大之后的性格和三观也会受到很大影响的。

人生观正确了,孩子知道自己为什么而读书,就不会把时间浪费在游戏和玩乐上;价值观正确了,不会被虚妄的诱惑所吸引,知道什么该做什么不该做,就不会成为一个"笑贫不笑娼"的庸人;世界观正确了,孩子看世界就会更全面、更客观,不会成为一个散漫、偏执、傲慢的人。

阳光浩荡育万物

善之本在教,教之本在师。师者,所以传道授业解惑也。"经师易求,人师难得。"班主任不仅是班级学科教学的"经师",更是指引学生思想和生活的"人师",扮演着班集体建设总设计师、班级工作组织者、学生生活技能培养者的超级顾问、贯彻学校教育工作精神的执行者和社会家校联系的中介等角色。一个优秀的班主任往往等同于一个优秀的班级。

"打铁还需自身硬。"一个优秀的班主任首先要自身品德高尚。为班主任者,必先筑其善,强其心,勤于行,方能做好表率,引导学生树立正确的生命观、生活观。其次要有高度的责任感和使命感,对班级管理投入真情,爱自己的每一个学生,捕捉学生的闪光点,激发后进、鼓励上进,能将班级营造为温馨和谐的"家庭"。

具体到班级管理中,班主任要注意以下方面。

亲勤相彰得民心

善治必达情,达情必近人。"亲"就是班主任对学生的态度和蔼可亲。一个好的班主任,不会动辄发怒,而会耐心地给予教育和引导；当学生有异常表现或行为时，能观察入微，及时地与学生谈心并帮助解决问题；当学生遭受挫折时，能"扶"起学生，鼓励其树立坚定的意志和信心。学生只有得到班主任的爱，才会向班主任倾吐自己的真情，特别是班中的"后进生"，他们最容易产生自卑感，班主任若给他们更多的关心、更多的信任和更多的爱，必然会点燃他们奋发向上的火花。

地不耕种，再肥沃也长不出果实。"勤"即工作要勤恳，也是积极生活、积极工作的表现。班主任工作时，应勤于洞察学生，勤于教育学生，勤于关心学生，把事情做实。班主任要带好几十个学生，就必须兢兢业业，尽职尽责，主要应做到"三勤"，即：勤观察、勤跟踪、勤谈心。勤观察指的是作为班主任应对每位学生有一定的了解，不仅是他的学习，更应了解他的校内校外的表现、身体健康状况、兴趣爱好与家庭环境等等，甚至于他们的内心世界。了解得越细在开展工作的时候就越有针对性，也能激发出学生更大的潜能。勤跟踪指的是对不同学生的具体状况进行分化管理，班主任在日常工作中对学生的点点滴滴都要了如指掌，教育管理、监督考核、奖勤罚懒、生活细节服务、查寝室、早中晚跟班……找出一个适合这个学生的方法，解决他所遇到的问题，使他不至于在学习和思想上掉队。勤谈心指的是要从细处做好各项工作，就必须对学生有清晰全面的认识，而认识的重要途径之一就是与学生的交流谈心。班主任从看待问题的角度、解决问题的办法等方面与学生交流。蹲下来谈心，牵着手交流，课余时不经意渗透，这样更能拉近学生与你的距离，减少学生对班主任的恐惧感，让他们对班主任产生一种信任。

善严相随予尊重

拥有了一颗善良的心，便拥有了友爱。班主任要将学生看作是自己的朋友，而不是当作训斥的对象，要给他们尊严，传授他们正确的生命价值观。在实际管理与教学过程中，为了不让贫困生有自卑感，在任何需要付费的活动中，班主任应当充当两肋插刀的朋友，免费或减少贫困生的费用。这样尽管班主任明里暗里都吃了亏，但对于学生的成长，这种方式或许将影响他一生。同时，这样的班主任也会得到学生的更多尊重。善良只有付诸行动才称得上是真善、真美，一个优秀的班主任为了给学生传递这份善与美，往往在这方面特别注意。

律己则寡过，绳人则寡合。严不是严肃，而是严格。自由散漫和贪玩是学生的天性，但一味地自由散漫和贪玩显然不利于学生的成长，也不符合学生受教育的规律。因此必须严管厚爱。如果老师不严格，对学生没有一种威慑力，则讲再多的道理也是白讲。通俗地说，学生们首先怕你，才会按你的要求去做。否则如果仅凭情感教育是不足的，效果也只能是暂时的。感动维持不了太长的时间，不多久，孩子们又会旧病重犯。但在严格的过程中严要有度、严要有方。譬如制定班级的长期目标，把握班级工作的整体思路；培养一支强而得力的干部队伍，并加以指导监督；做好个别学生及全体学生的思想工作，增强班级凝聚力、向心力。对于问题学生来说，不要因其犯错而撕破脸皮，这样只会增加学生的叛逆，而要不厌其烦地盯着他，直到他把事情做好做对，让他们一直觉得在老师的心目中，他们是好学生，这样他们才会尽量完善自己，以期待得到老师更多的赏识。转化一名差生，班主任自己获得了丰硕的回报，管理水平也上了一个台阶，更可贵的是看到了自己价值的所在。一位差生在一个班级只是五十分之一，但对于一个家庭他就是百分之百；改变一个差生，于家庭、于社会都是一件功德无量的事。

用善良与严格对待学生，让他们获得被尊重感后，班级的凝聚力也会随着越发强大，有了强大的集体，什么事情都会迎刃而解了。

教师不只是一种职业，更担当着一种责任。教书育人，既是对历史和未来负责的使命，也是对自己良心的责任人。

以慈母般的爱心，博得孩子的真心；以高度的责任心，赢得家长的放心；以艺术家的匠心，激发学生的创新。班主任有了这样的情怀，就如浩荡的阳光，让学生有正确的生命观、生活观，将学生培育得生机勃勃，这也是班主任工作、生活中的幸福源泉。

点亮每一颗星

诗词,点亮一代困顿,
于是燃烧出一个盛大的唐宋;
老师,点亮一个求知的灵魂,
时代因此被一再唤醒。

每一个孩子都是天上的星,初入班主任的眼,或远或近,时光悠悠,班主任将心炼出火苗,一颗一颗地将或远或近的星星点亮,群星灼灼,便是最美的风景。

点亮一颗,有时需巧,有时需拙,巧在灵动,拙于抱朴,只要让其灿烂,巧又如何?拙又如何?

艺术,如燧石,碰撞少年的心灵后,总能绽放出异彩,班主任可尝试着办一个班级文学社、美术报、音乐节,等等。

每个人在青春的岁月里,都有从心底油然而生的美好的情愫,都有倾诉和交流的欲望,文学社就是这样一个舞台,给学校生活带来更多美好的记忆。

为了激发学生热爱文学的兴趣,提升学生文学鉴赏的能力,在班级营造一个良好的文化氛围,班级成立了文学社。在文学社的活动中,同学们更多地接触诗歌散文,走进艺术天地,并且用自己稚嫩的笔抒发纯真的情。

"春眠不觉晓,处处闻啼鸟。"孟浩然的《春晓》描绘了一幅春天早晨绚丽的图景,抒发了诗人热爱春天、珍惜春光的美好心情。2016年春天,班级创办了"觉晓"文学社,面向全班同学和老师,让每位同学怀揣一首诗歌,"叩开诗歌的大门",在诗的殿堂里尽情释放。

脑洞大开的孩子们在"觉晓"文学社盎然盛开,仿唐诗,摩宋词,来几句神来之笔,个个怡然自得。

"云朵有脾气,云朵被风欺负后,将脾气撒给了日月星辰,白天吞了太阳,晚上噬了星月。"

"月扎千层林,风摇一地影。蚊吟三百首,遭扇声即停。"

……

每一篇习作经语文老师点评后,打印后张贴在文化栏,每周一次。而且成为班级的规定动作,无论班主任在与不在,同学们都自觉完成,科任老师也乐在其中。几个月后,同学们除了语文水平有明显提高,情怀上也都如诗人的化身。一个学期结束,将《觉晓》报打印成册,挂在教室的"成绩角",第一年就有几篇学生作品登上报刊。

有专家说理工是骨,人文是肉;艺术是灵魂,设计是容颜。可见艺术是多么的重要,人人自小就带艺术天赋,只是有的人在后天渐渐淡化、遗忘。为了重拾那颗艺术之心,班级创办了"艺术自助餐",努力多样化、个性化,目标定位为"形成特色,升华灵魂"。"艺术自助餐"不仅有以合唱、舞蹈、民乐为主的音乐类精品小组,还有以绘画、书法、版画为主的美术类精品小组。

在小组活动中，学生的优势特长得到充分发展，综合素质得到全面提升，健全人格得到促进养成。

激发艺术天性，不是一蹴而就，而是要静待花开。学生进入学校时就已经掌握"涂鸦"了，将笔和纸交给学生，特别是把颜色鲜艳的笔交给学生，不仅使学生画画的要求得到满足，也能刺激学生视觉的发育，使手指、胳膊得到锻炼，促进小肌群的成长。假如此时教师看到中学生因一画而撕破了纸，笔也扔到地上便训斥学生，就会使学生画画的兴趣扼杀在启蒙时期。培养学生的"艺术细胞"时，随时保护学生的积极性，对学生哪怕是一点微小的进步，也要给予高度赞赏，即使学生提出教师不屑一顾的问题，教师也要表示关心，承认学生付出的努力。

学生对事物感兴趣时，也是最有指导效果的时候，错过这一时机，将给学生带来终生缺憾。有专家指出：人的脑细胞网络是由出生后受到刺激，逐步发展与完善的，人生下来就具有各种细胞，其功能起初是潜在的，如果不适当地给予刺激，它们便不能分裂增殖，很可能在发挥作用之前就告终结。兴趣就是对这种潜在的种种细胞给予有效的刺激。如果这种刺激持续强烈，兴趣就会使细胞增加。

环境宽松，发掘潜能，想象自由，点拨引导和持恒鼓励，成了"自助餐"的特色，沃土生万物，班级所有学生在艺术的熏陶下，有的同学在《意林》杂志上发表了文章，有的在省市级的比赛中获奖，有的在"三独"比赛中取得殊荣。

点亮每一颗星，不能仅凭一次班会，不能仅凭一次热情，而是要有计划有步骤地细化项目，长期笃行。

主旨明确的情况下，应制订具体措施：

1. 开展系列艺术教育活动、丰富学生课余生活，如：小型的艺术比赛或专题活动等，为培养学生的艺术兴趣，展示艺术才华搭建舞台。

2. 继续开好音乐欣赏课，通过艺术主题班会、宣传栏、画廊等宣传阵地进行艺术教育，展示艺术教育成果。

3. 将艺术素质训练渗透到学校教学的常规活动中，潜移默化中提高艺术修养。

4. 充分利用各种重要节日举行书画、文艺活动，对学生进行艺术教育活动，提高学生艺术表现水平。

5. 加强对各兴趣小组的管理，学校提供时间、场地和器材。各小组的活动必须做到期初有方案，训练有记录，期末有总结，按照学校统一要求，保质保量有方案，有目的地进行训练，同时，辅导教师要及时做好队员的纳新工作，保证训练的正常进行。

6. 在音美课堂教学中充分发挥学生的积极性和主动性，发挥音美课审美教育的主渠道作用，艺术教师要认真钻研新课程标准，吃透教材，恰当熟练运用各种教学方法，使学生成为真正的学习的主人。

有了具体措施，就应将班级的"自助餐"推上舞台，充分利用学校的各项活动展示才华，如：

1. 演艺比赛：如唱歌、舞蹈、小品等，通过个人或者团队的形式来展现学生的艺术特长。

2. 技能比赛：如书法、画画、手工等技能比赛，进一步提高学生的动手能力，培养学生的创新精神。

3. 文艺会演："五四""六一""国庆""元旦"等节日将艺术节的获奖节目串编起来，组合一台有质量也有娱乐性的大型会演，既让学生得到了锻炼和展示，也能让学生感受大集体过节的快乐。

4. 艺术专栏的布置：把学生的优秀作品布置到学校的走廊或者艺术苑，供全校师生参观交流和学习。

5. 艺术节结束后，学校将根据各班的参赛情况及获奖情况评分，进行表彰。

坚持面向全班学生，引导学生自愿选择，积极自主参加学校、班级各种兴趣小组，加强和完善各兴趣小组各项机制，做到活动时间有保障，活动有成效，因地制宜地组织开展经常性的具有"怡情与育人"之美的艺术活动，提高学生的艺术修养和整体素质，培养学生的艺术兴趣，激发学生的艺术潜能，提高学生欣赏美、创造美、表现美和评价美的能力，做到真正地让每一颗星星发光发亮。

反复激活心灵微光

教育教学过程中，大多数老师感到焦虑困惑的重要问题是如何应对后进生。后进生的共同点主要是缺乏自信与自律。缺乏自信的学生需要长时间的反复激活，缺乏自律的学生需要长时间的监督。而解决这两个问题都需要耐心，需要以反复的方式来激活。

所谓反复，也是符合"一万个小时定律"的，一万个小时定律是指要想在某一方面达到顶尖高手的水平，必须要重复练习一万小时。延伸为学习任何一种技能，重复都是非常重要的。

一名优秀的狙击手是子弹喂出来的，基础培训时一周内练习距离400米以上射击几千次，包括向静止目标、移动目标射击。狙击手的训练是日复一日的扣扳机的方式与技巧，射击姿势的种类与应用等。培养一名优秀狙击手需要花的时间比较长，达到2~3年的时间，而每年需要消耗3万发子弹，那么在3年的训练中总共需要消耗9万发子弹，平均每天需要打80多发子弹，这对于一些普通士兵而言已经算很多了，有些士兵一年的子弹消耗量都不足100发，新兵有时候一发都没有打。

苏炳添在第三十二届夏季奥林匹克运动会男子100米半决赛中创造了9秒83的个人最好成绩，他自己说男子百米赛跑要提高

0.1秒非常不易，而他提高0.08秒用了3年。决赛跑道上的十秒之内，是赛道下数十年的苦练。十年重复着蹬踏起跑器、压低身体、向前、起身、冲出跑道，再回到起点、蹲身、冲出跑道……成千上万次的锤炼，最终成就了赛道上的成绩突破。

许多实例告诉我们，要达到目标就只有不断重复训练所学内容，因为重复练习可以帮助人们构建多方面的能力。最重要的有获得快乐与满足，其次是使自己完美，再就是构筑基础知识体系。

当学生内心有需要时，他就会从不断的重复练习中得到快乐与满足，当孩子的需求获得满足后便会选择一个目标，这就是平时说的"学习周期"。

小陈同学对要记忆的知识总是存在很大的问题，他说是因为记忆力不行，上午背的内容下午便忘记，针对这种情况，我给他制订了一个强化训练计划。送他一本《必背古诗135首》，告诉他每天早读时花5分钟背一首古诗，先每句读三遍背一次，再读两遍背一次，直到基本能完整背诵，然后放下书本，到晚上睡前读一遍试背一遍后就可以了。第二天背第二首古诗前，先读一遍昨天的古诗并背诵一遍，每天放学前到我那里背诵，背不完整没关系，天天坚持，读新古诗前先读一遍头一天的内容。一个星期时，他觉得有些苦恼，苦恼的原因是枯燥，而且用时会渐渐增加，我告诉他先坚持坚持，一个月后看成果，没想到在第二个星期结束时，他开心地跟我说，效果非常好，并且爱上了古诗。重复训练真的让他获得了快乐与满足，他将同样的方法用到了生物、地理的知识点记忆上，模拟考试时居然从原来的70分左右考出了90分的成绩。

学校每年都会如期举办"三独"比赛，小李同学自幼学习钢琴弹奏，她每次比赛总会获得第一名，老师要她介绍一下经验，她花很少的时间讲了一个以"挑战自我"为主题的故事。她说初中学业紧张，特别是到了初二，还面临着生物、地理会考，她在比赛前一两个月才选曲、练习。为了获得评委的好印象，她会选择一首难度较大的曲目，然后在练习时背诵曲子，同一个曲子最少练五组，每组为十遍。为了找出自己的不足，每组中会录一遍声音，听哪个地方有问题，然后在每组中间会细听细看名家演奏视频一遍，一套练习下来大约要花费90分钟，因此都有完善的表现。

俗话说熟能生巧，学生通过不断的重复练习，就会产生记忆认知，形成概念，懂得分类，熟悉知识架构。

初中地理除了七年级上册，其他内容相对来讲比较容易，但是如果按照每个章节来记是有一定难度的，为了让学生更加清晰地梳理知识点，我要求学生对每个章节绘制思维导图，只要便于自己记忆就按各自的思维方式进行设计，然后反复阅读、反复修正、反复记忆。时间一长，很多学习能力强的学生能够将教材内容从不同的角度划分专题，哪个专题弱，重点强化哪里的知识，专题清晰明了：地形、气候、河流、湖泊和水资源；土地资源和农业、矿产资源和工业、交通运输和旅游业、人口、民族和聚落等，同时能熟练地按经度、纬度的特点进行比照学习记忆。

任何人的弱点其实就是他隐性的灵光，只有不断激活、重复操练才能将隐性的灵光点燃。

在灵光没有点燃前,学生们即使看似认真学习了,但还是迟滞不前,这不仅打击了学习兴趣,还会影响自尊,甚至为了不被人说"无能",宁愿被人说"懒"、说"没有上进心"。

解决"懒",就反复;解决"上进心",就分解大目标。用反复解决了懒,老师还需引导学生如何分解大目标。高中学习的大目标是考上双一流、一本,初中学习的大目标是考入理想高中,对于很多学生来说,都知道目标在那,但不需要将其作为巨石压在头顶,如果将目标看成巨石,无形当中成了自己前进的障碍,甚至会产生恐惧心理。

因此,面对学习成绩,老师应该告诉学生:"这次考试,你的目标是超过排在你前面的那位同学,或是比上次考试前进三到五个名次。"当这个小目标通过努力达成之后,孩子常常就会自己设置更高的目标,产生想考得更好的欲望。此时,老师要反复告诫学生超越的目标是什么,是自己,是排在自己前面的三五个人,是每天记住五至十个单词,彻底让学生明白"重复是学习之母"。

反复引导,反复激活学生的心灵微光,让后进学生重启上进心。教师不要因为看到学生的起伏就灰心,就气馁,而应当认识到这是情理之中的事,进退皆在自己理解之中,便容易把握自己的理智与感情,在反反复复的过程中把后进同学引上上进之路。

恰到好处的爱

恰到好处的幸福是拥有诗和远方；恰到好处的距离是我叫你你听得到；恰到好处的爱是你需要时我刚好在。和学生在一起，既有距离又有爱，才可以拥有幸福，但要把控好这三道门，就需要把握好六大原则。

一、平等原则

中小学生属于未成年人，他们需要长辈的信任，在仰视老师的同时更渴望能与老师平视对话，因此，老师需要把好"平等"这杆秤。平等的师生关系使师生在教和学的过程中心情轻松、愉快，平等合作，从而提高教学效率。

关心学生是建立平等的师生关系的基础。关心学生要从身边的小事做起，从点滴做起。孩子们都很单纯，有时老师的一个小动作或一句无意的话，会给孩子带来温暖，也有可能造成伤害。

记得有一次期末考试，我在其他学校监考，看到一个学生衣着单薄，鞋子的前面有一个破洞，我趁中午休息时间在旁边的商场买了一双鞋和一套厚衣服，下午考试完后我送给了他。他不是我班的学生，不认识我，接到衣物后他羞怯地再三道谢。第二天考试时，这位学生的班主任特意找到我，讲到他的家境十分困难,又是留守学生,谢谢我伸出援助之手。考试时我看见该学生穿上了我买的衣服和鞋子。放学离校时,传达室的保安拦住我说有一位老人要见我,只见一位60多岁的老人从传达室走出来,站在保安身边对我说:"老师,非常感谢您对我孙子的关心,他收到您的东西后,昨夜开心了一个晚上,我特意来谢谢您的。"我感受到这是一场平等的互助,我给他的是物质,他给我的是精神,让我对什么是知恩什么是感恩有了更深切的体会。

一衣一鞋,多么简单的东西,孩子却如此容易满足,如此记恩,只能说关心他人其实不一定在于事大,只要我们花一点心思去关心他们,他们就会觉得很幸福。

很多人认为"尊师重道"就是学生应该服从老师,学生被老师批评也是理所当然的事情。其实学生虽弱小但他们也是一个个体,有自己的主见,他们也需要别人的尊重。因此尊重每一个学生特别是尊重后进生是老师必须要做到的。只有老师尊重学生,学生才能更真心地尊重老师。让学生感受到老师对他的尊重,感受自己在老师心目中的平等地位,从而使学生自愿接受老师的教育,以达到事半功倍的效果。

老师对学生的信任,对于学生而言就是对他的一种肯定,能增加学生自己的自信心。曾有一位学生在课间休息时,与同学玩耍过程将讲台上弄得到处都是水,东西丢得七零八落,我对他说:"老师相信你不是故意的,请尽快擦干水,整理好桌子。"他很快就将讲台整理得干干净净,而且从那以后,他再也没有玩恶作剧了。可见信任是和谐的桥梁,连接着老师和学生的心灵。

真诚地与学生沟通。沟通是最快的表达自己想法的方法。在班上我提倡民主，广开言路。在课堂上，一旦学生找出我的错误，比如偶尔多音字读错了，偶尔笔误将字写错了，只要学生指出我一定虚心接受。课后我也会找个别学生谈心，互相指出对方的优点和不足。当然，民主并不代表盲从，因为他们毕竟还小，有的事情还看得不清楚。因此，若他们批评得对，我主动认错并改正；若批评得不合理，我则给予适当的解释，得到他们的认可，让学生口服心服。事实表明真诚民主的沟通利于增进师生感情，促进师生关系的和谐发展。

二、 赏识原则

中国有一句俗话："士为知己者死。"说的是为赏识自己、信任自己的人去死都愿意。成年人需要赏识，学生更需要得到老师的赏识。一位心理学家说过："人类本质中有一种殷切的需要：渴望被赏识。"用俗话讲就是渴望被关注、被重视、被看得起。赏识对一个人的成长有着举足轻重的影响。受到赏识，意味着优点和长处得到认可，从而进一步激发人的内在动力，使之在成功的道路上得到一个加速度。教育艺术的本质不在于传授本领，而在于激励、唤醒和鼓舞。赏识学生是教师进行教育工作的最有效的方法和最有力的武器。

小伍同学文化成绩不好，是出了名的后进生，但她的体育成绩一级棒。每次校运会，她都能拿到三四个第一名。每次获奖后，我总会在班会上当众说她是班级的"功臣"，在其他同学羡慕的目光中给她颁发奖品，并及时鼓励她一定能够像参加体育竞赛一样提高文化成绩。这样不断地夸奖、激励，让她一点点恢复学习的兴趣和信心，在初三第一学期期末考试她居然前进了十四个名次，她的爸爸开心地给我打来电话，说孩子是在我的鼓励下才有现在的成绩。

赏识学生，教师首先必须要接受学生的全部，无论是优点还是缺点。全面地看待每一个学生，这是赏识教育的关键。因为只有这样才能充分地认识到学生身上的长处，发现他的闪光点，并积极地为发展孩子的优点创造条件。每天只要有一点能表扬的地方教师就应该表扬，让学生找到自信和成功的感觉。天生我材必有用！没有教不会的学生。每个学生都可以学好，每个学生都能成才。

教育的奥秘就在于给孩子以信心，而老师的期待和赏识正是开启学生潜能之门的金钥匙。因此，老师应充分发挥期待和赏识的积极作用，认真了解每一个学生的特点，发现他们的长处，同时也要不断地反省自身的行为和态度，不要由于自己的不公正而延误了学生的发展，不能仅仅以分数评价一个学生的好坏，而应该以全面的欣赏的眼光看待学生。为此，我们要尊重学生的人格、意愿、隐私权，等等，采用多种方式肯定学生，赏识学生。

三、需要原则

班主任帮助学生，是职业使然，但最重要的，不是老师要帮学生什么，而是班主任要清楚自己应该怎么帮。同时，中学生已有独立思考能力，班主任采取帮扶行动之前，一定要调研把准学生的心理状态和情绪特点，对症下药采取措施。

在自主学习过程中教师应该在何时介入实施指导；怎样指导才充分、有必要又不会包办代替；哪些指导是必要的，哪些指导是不需要的,等等,这些都是教师在指导自主学习中会面临的具体问题,指导不好就会影响自主学习效果。比如,若教师介入的时间过早,学生还没有充分地展开自主学习,教师就介入进来,往往会使学生丧失自己去发现问题、寻找答案的机会,造成包办代替的后果。反之,如果教师介入的时间过晚,在学生迷失学习方向或学习不得法而急需教师的指导和引导时,教师没有给予及时的帮助,往往会使学生处于盲目状态,影响自主的效率和结果。再如,如果教师对学生不敢放手,介入过多,就会剥夺学生主动的机会。反之,如果教师过于放手,指导不到位、不充分,也常常会导致学习活动偏离目标和方向,或使学生不知所措,从而降低学习效率。因此,在自主学习过程中,教师应注重把握介入的时机和指导的分寸,适时、适度、适当地发挥指导作用。

所以,要想帮助学生,你得先了解学生的真实需要是什么,否则就会帮倒忙。如果班主任觉得憋屈了,也要把自己的憋屈藏起来,努力使自己成为学生的陪伴者和倾听者。

一个好老师不一定是大牛,而一个大牛也不一定是个好老师。有一位数学大牛老师,课堂上确实讲得好,但对学生十分刻薄,对反应迟缓、成绩滞后的学生动不动就骂,并且骂得十分难听,这些同学在学习上越来越自卑。这位老师认为骂学生是恨铁不成钢,骂学生是想督促学生上进,却没想到这样严重打击了学生。学生想要得到帮助,这个帮助仅仅是需要老师对他们更耐心一点,需求值一点也不高。可他们却得不到,这位老师也始终走不进学生的心怀,这个班的学生于是想方设法转到其他班,还给他取了个"横牛"绰号。这是学生对他的失望,同时给家长的心理造成了伤害。

尊重，是许多学生最渴望的需求。有人陪，有人倾听，有人关心，有人爱，有温暖，有理解，还有信赖，也是学生渴望的。

面对学生需要，老师应有的放矢，成为学生心中你是最懂他的人。

四、冷静原则

学生在校期间偶有矛盾是常事，矛盾产生的后果有大有小，老师在处理矛盾时要有方法、有节奏。特别是既充当警察，又充当法官的班主任，更应技胜一筹。但所有的技巧都是建立在冷静的基础之上。一切的粗暴专制之法只能让学生感到畏惧，而矛盾始终没有解决，这是不可取的。

同学之间发生矛盾，要冷静处理。同学之间的矛盾大多是因一些鸡毛蒜皮的事引发，没有什么刻骨铭心的仇恨，也没有什么多年的积怨，处理起来相对简单。我在处理学生之间的矛盾时，先不问对错，让他们面对面站着，四目相视，互相握手，保持一到两分钟，有的同学居然在此时间内相视而笑。没有和解的，便让他们在讲台上同坐一把椅子，通过划拳来决定谁先做陈述，一个陈述完毕另一个开始，有的同学在划拳时就觉得搞笑。如果此时还不能化解，就要求他们进行自我批评，其他同学参与评价谁对谁错，这样不仅让有矛盾的同学认识错误，还能教育全班其他同学。

因此在处理同学间的矛盾时最佳办法就是采用冷静法：谁也不批评，各自找到自己的问题，开展批评和自我批评。冷静到矛盾双方自己能认清自己的问题，并且诚恳地与对方交流各自的问题。此时的老师千万不能盲目地凭主观臆断谁是谁非，这样稍微不注意，还会被认为偏袒某一方。所以，最佳的办法就是让他们自己认识问题，相互让步，平心静气，最终解决问题。不到万不得已，不需要家长参与。因为家长一参与，本来就两个孩子的问题，演变成家庭大战和混战，问题开始升级。

同学和老师发生矛盾，要冷静处理。有些老师在遇到学生的顶撞、不服从管理等不当行为时，习惯找领导给学生处分或者喊家长来教训孩子。这种做法有时看来是"有效"的，好像学生"顺服了"，那样可能表面上解决了问题，省了心，实际上却可能造成师生间的隔阂，或者引起学生的不满，为以后的管理埋下祸根。在学生心里可能会认为老师无计可施，他反而会有"得胜"的感觉，瞧不起老师，使师生矛盾无法真正解决。

俗话说，退一步海阔天空，这句话也适用于师生矛盾冲突的解决。特定情况下，老师理智地让一步，不但不会损失老师的尊严，反而会拉近师生间的距离。因为当我们都处在情绪之中时，是没办法真正解决问题的，如果都带着情绪去处理就会让冲突升级，让情况变得更糟。不要与学生争一时之高低。冲突时间越长，老师损失越大，即使是胜了，也是惨胜。

批评教育学生要就事论事，不要偏爱成绩好的学生，也不要对成绩不好的学生有刻板印象，切忌就事论人，也不要因为某件事或几件事就对学生下结论、贴标签。另外，遇到问题要采取适当方式及时处理，不要把学生的问题攒到一起处理，或者把某个学生的问题积累起来"秋后算账"。

我常将师生间的矛盾比喻成垃圾桶，无论学生是和我还是和其他科任老师发生矛盾，我立即将学生带到垃圾桶旁，问他："你喜欢垃圾桶吗？你讨厌垃圾桶？不着急回答，放学后告诉我。"放学后我总能得到较为理想的结果：多数学生认为他们不喜欢垃圾，但需要垃圾桶，垃圾影响环境影响心情，垃圾桶能封装、带走垃圾。矛盾中如果真的是老师错了，我会主动承认错误，甚至代替其他老师承认错误。

冷静，是处理矛盾的消防车。

五、 底线原则

对于执拗、狂躁、我行我素的学生，老师应该怎么办？首先我们得认真谨慎地分析学生有这种行为是什么原因，是偶尔的情绪发泄还是经常如此，所以老师在管理学生过程中要因人而异，合理采取各种措施，不能一概而论，特别是对于脾气暴躁、暴力倾向、严重抑郁的学生，千万不要采取粗暴的教育手段。

如果学生的这种行为是疾病引起，给老师的第一反应应当是考虑"安全问题"。考虑谁的"安全"？当然是与他相关联的所有人及他本人，因为"学生安全＝教师安全"，教师安全才有大家安全，在安全面前，成绩就显得次要了。

如果学生有过激行为倾向，如自残、自杀、伤害他人，并且万一这种倾向真的失控，对谁都是一场噩梦。家长追责班主任、学校追责班主任、社会谴责班主任，最后班主任可能内外不是人，还得搭上前途。在这种情况下，教师千万不要试图"修复"学生，你只需要做一个好的倾听者就可以了，任何试图"修复"学生心理的做法，都是徒劳的，甚至是适得其反的。

这时老师拼尽全力能做的只有"边缘"安抚。如转移情境，在学生要发火时，应迅速离开使其发火的人和场景，迅速转移话题或带他去和其他朋友谈心、玩耍、散步，较有效的方式是提一个他比较熟悉的问题，让他逐渐平静下来。或是采用身体转移法，在学生要发火时，教他立即使劲握拳、击掌心、深蹲、深呼吸、喝冷水等，使情绪转由到身体宣泄出来。

正确的解决方式要求学生家长到校，详细地告诉家长学生在校的表现，表明学生继续在校的话可能弊大于利，建议将学生带回去及时就医，并与家长一起到教务处陈述实情、办理相关手续。

老师关心学生是天经地义的事，但有些事不是班主任老师能解决好的，特别是面对学生的特殊疾病，只能将学生交给家长，不然，产生的一切危险都是老师的责任，这也是一名教师的关爱学生的底线——与其尝试改变，不如采取更加科学的方法。

六、 边界原则

心理学认为，一个成熟的人，是能分清主次的。所谓分清主次，用通俗的话说，就是谁是主角，谁是配角。

小喻同学平时读书认真，却少言，但能严格遵守纪律。突然有一天我发现他上课时神情木讷，还听其他同学反映他在下课后躲着抽烟。我猜他一定有沉重的心思，于是把他叫到办公室，问他近来是不是发生了什么事，他沉默了很久，说他的妈妈因车祸住院了。我摸了摸他的脑袋，他情不自禁地流下了眼泪，两人静静地坐了一会儿，我问他最喜欢吃什么，他含着眼泪说最喜欢吃妈妈做的酸菜炖猪蹄。午餐时，我叫他和我一起到旁边的餐馆里吃饭，吃着猪蹄，他突然说他想抽烟，我没有阻拦，他抽了几口后居然号啕大哭，我一边轻轻给他拍背，一边说："想哭你就哭吧。"许久，他才从啜泣中渐渐平静，可我被他的烟呛得泪涕四下，咳嗽不止。"老师，谢谢您关心我，您真的不需要这样，我会努力让自己平静的，只是这几天心里难受。"我被他感动到了，"以后有什么困难或心里话跟我说吧，说出来好受些。"

自此，他再也没有抽烟了，当然，也没有跟我聊过一句，只是常常眼噙泪水，十多天后才来到办公室找我问题目，挨我挨得很近，我知道，与其说是来问题目，不如说是来告诉我他渐渐走出来了，来找一份依偎。

近段时间，我知道我只是他的配角，他是真正的主角，他才有权决定自己去怎么解决，如果我反客为主，结果只会适得其反。

情感障碍也好，精神折磨也好，都只是解决人生问题的一个选项，一段历程，并不是人生的全部。人人都会有不定期的情绪周期，产生的因素各不相同，相同的只是他愿意独自在自己的思想圈子里或安静，或发泄，或陶醉，或悲伤。

有时候，班主任也要学会睁一只眼闭一只眼，就算学生要折磨自己，也无能为力，这很痛苦，但这就是他的人生，你要负责的，只能是默默地守护学生的选择，人家愿意听你的，你就可以起作用，反之，你就要学会接受。

当你真正理解一个学生时，请与他一起开心一起悲伤，当你不理解他时，请不要轻易说"我理解"，在说"我理解"前，请确定你是否真的理解。

如果你有过这样的经历，当学生意识到你和他有相同的体验，也许有助于他变好，但是，一个人内心的情感世界是很复杂的，即使你经历过与学生相同的情形，但学生的感受也可能与你有很大的不同。当你实在不知道说什么，那就不要说，默默地陪伴也是一种支持，更是一种理解，这就是边界。

遇到这类学生，给你一个建议：尊重学生的选择，不要干涉属于他内心的情感痛处。

恰到好处的爱，不是用力地付出，而是在学生需要的时候我在，在学生需要独立的时候我在旁边欣赏，最后得体地退出。

救赎之路
——带领问题孩子走出迷茫

森林边缘有一棵树,
孤独却又奇形怪状,
过客看了,都说好丑,
我却感受到它的独特,
依着它的模样,一边弯枝、修剪、培土、去朽,
一边静候,
三年,
它成了最美的风景。

救赎的意思很多,这里所指的主要是挽救、拯救和偿还。救,是拯救,赎,是赎买。拯救一个人需要拯救他的灵魂,就像肖申克的救赎。

作为一名老师,救赎的目标是谁?是问题少年。

问题少年让人心痛,每一个问题如一粒沙,可是落在好老师的眼里,虽痛,但是含泪也会让他清澄而出,落在好老师的生命里,生怜,但会捧起他重见天日。

什么样的少年才是问题少年？有人给问题学生的界定是品德、学习态度、心理等方面。有人将他们分类为厌学型、纪律型、品德型、心理障碍型、隐性好学生型。也有人界定为学习问题生、品德问题生、心理问题生、身体问题生、综合问题生。任何一个方面存在较为严重的问题即为问题学生，而问题学生一般都不止一个方面有问题，常常和差生、落后生、后进生、个别生没有明显的边界区分。多数情况下，老师、家长和社会给这些问题少年定义为叛逆少年。

目前，一份全国22个省市对4～16岁孩子的调查结果显示，孩子行为问题检出率在6.32%～16%，也有不同角度的研究结果指出，孩子有或轻或重心理障碍的人数在30%～50%。这些研究都说明了一个问题，就是孩子心理健康已经成为一个重要的教育问题，是全社会关注的问题，也是影响孩子一生发展的大问题。因此，迫切需要学校、家长、社会关注、关心这些问题孩子。

在实践过程中我将问题生划分为学习问题、品德问题、心理问题三大类。

学习问题主要表现为厌学、不听讲、不写作业、不守纪律、自制力差、迟到、早退、旷课、抄袭作业、考试舞弊或逃避考试等，有的沉浸于自己的偏长，有的迷恋网络，有的甚至逃学、辍学，成绩越差越自暴自弃。

品德问题主要表现为无是非观念、无法制观念、打架骂人、欺负同学、校园霸凌、顶撞殴打老师、小偷小摸、抽烟喝酒、与异性有不正当交往、与社会上不三不四的人有联系、离家出走、不孝敬父母等。他们多数学习成绩不好，不守纪律。这类学生是

"边缘生",往往一只脚在学校,另一只脚在社会。

心理问题有的属于心理烦恼、有的属于心理障碍、有的属于心理变态、有的属于心理疾病。如自闭、忧郁、退缩、躁动、有攻击行为、无法集中注意力、多疑、无法与他人沟通,等等,这些问题有的显性,有的隐性。这类问题生处理不好后果非常严重,可能导致学生的自杀行为。有些时候的品德问题背后其实是心理问题。

问题学生产生的原因在哪里?树枯有因,水污有源。从多年的教育经验来看,主要原因有以下几种:

一、家庭教育影响着孩子的童年,定格了孩子的少年。

家,是每个人最早接触的社会。每一口酸甜苦辣养就了孩子的口味与感触,每一次喜怒哀乐浸染了孩子的心灵与梦想,渐渐地,就萌芽出这与家庭相关的性格。

1. 独立过早,造成孩子"伪独立"

不知从何时开始,专家们引进了让孩子早独立、早自主的概念,并不断让这概念发酵、推进。我观察过几十个孩子,在父母的教育下很早就学会生活独立、学习独立。

有一位朋友曾多次在人前炫耀他的孩子多么独立多么能干,面对别人的质疑,他总是说:"一切都是为了孩子好,我们会在远处观察她,在保证她安全的情况下,尽量不会出手。"孩子两岁多就开始自己打水洗脚,三岁多便自己洗澡、睡觉、上幼儿园,四岁多的时候就经常让孩子独立在家,自己出去应酬、娱乐,事情没做好或做错了只有批评与重来。在许多人眼里,他的孩子比其他孩子优秀。然而，随着孩子越来越大，性格却越来越孤僻。孩子跟医生说："小时候我害怕事情做不好，睡觉害怕黑暗，可父母除了要我学会独立、学会勇敢，却不知道我多么需要他们的帮助和陪伴，我现在在学校都害怕有同学打我。"

这是典型的过早独立，造成孩子"伪独立"，本该是撒娇的年龄，但是却经历着超过这个年纪的失望和无助，如今的坚强和独立之后，却是背后多少次隐忍落泪、号啕大哭？造成孩子焦虑与抑郁，漫长的救赎之路不只是一个幼年一个童年。

2. 溺爱过度，造成孩子"伪自信"

余总的孩子是出了名的"众恶之"（众人都嫌弃）、"飞天蜈蚣"（我行我素、胡作非为），面对孩子的现状，余总说已无能为力。这样的结局其实是他自己造成的。孩子是全家人的心头肉、掌上珠，家长在关爱孩子方面应爱有度，教有方，育有法。但他们夫妇与爷爷奶奶对孩子可以说是爱无度、教无方，孩子十岁时，我还看见他奶奶给他洗澡后，光着身子满屋跑，然后趴在床上沉浸在电视里，听说他更小的时候能一天看十多个小时的暴力游戏电视，令人恶心的是常常在沙发上、床上大便，平常在家或到别人家做客，常常为了他喜欢的菜，让他自己爬到桌上去用手抓，不顾同桌人提醒，还笑哈哈地说他从小胆子大，不畏任何场合。在学校时，上课经常违反纪律，讲话、玩耍、顶撞老师；下课与同学闹矛盾，经常欺负、殴打其他同学，有时还去翻老师的办公桌找零食，没有了教鞭的老师只能劝说几句，连呵斥都不敢，因为他常常回家告状，讲哪个老师不喜欢他、批评了他。

这是典型的家长把"野孩子"当作"自信孩子"，将胡搅蛮缠当作大胆，致使孩子人见人嫌，人见人怕，避而远之，最终导致孩子没了朋友，没了老师。

3. 放养过当，造成孩子"伪成熟"

沈某的女儿在同龄中是最"能干"的，对所在地的路线、商店、娱乐场所等都了如指掌，因为她从小就喜欢跑东窜西地到同学家玩，到小孩的娱乐场所玩，到商店自主购物，在手机上点餐购物，搭乘车辆到离家一二百公里的目的地，她父母认为这是给孩子空间，给孩子锻炼的机会。上学后，女孩认为自己见的世面比谁都大，比谁都能干，任何人讲的她都认为是错的，爱占同学便宜，学习上常采用投机取巧的方法，作业要求别人帮她做，考试舞弊，与同学交流都是网络中各种低级趣味的游戏、语言，影响、刺激着其他同学的每一根神经，而这些对于她来说，相对于读书学习自然也就成了乏味、无聊、枯燥的事。

4. 家庭矛盾，造成孩子"真失控"

小佟入校以来就有暴力倾向，据家长反映，孩子在家都不服管，经常有与父母争吵、甚至动手打人的现象。直到他奶奶来学校与班主任沟通，才知道事情得从他父母说起，孩子母亲在家非常强势，经常当着孩子的面与其父亲吵得不可开交，打得难分难解，很多时候还将怨气撒到孩子身上，直言不准奶奶住在一起，孩子在父母吵架时经常小便失禁，奶奶常常为了保护孩子而将他抱开，他妈妈居然不依不饶连奶奶一起骂。奶奶回到老家后，有一次小佟因身上没钱，走了六个多小时回到奶奶家。从此，孩子再也不愿意回到父母身边，将委屈与扭曲的情绪撒到了同学身上，一个很聪明的孩子在这样的家庭环境中变得时木讷、时暴戾。

还有一些留守学生的家长甚至一年难得回家一次，不能有效监管孩子。孩子没有父爱依托，母爱滋润，感受不到家的温馨。这种情形不利于孩子的健康成长，在这种家庭中长大的孩子因为父母教育和陪伴的缺位往往容易产生各种心理问题，长而久之问题被放大，就成了问题少年。

二、教师的偏见让学生走不出灰暗、沉重的樊篱

1. 应试教育的前提下，老师对学生挑肥拣瘦

学校为了优秀率、升学率，将责任压向老师，老师为了提高成绩，无形当中会将主要精力倾向于优等生，从而忽视了"差生""问题生"。作为"鸡尾"的学生会因此而心理失衡，自暴自弃、顺流而下，与老师、家长、同学的矛盾日渐加剧，给班级管理造成影响。

当地有一所有名的民办学校，中考后以各种诱人的广告与条件"掐尖"招生，所招优等生在全市占比为40%左右，高手相逢，亦有高下，许多怀揣梦想的家长与学生从进校门开始，便将希望在此生根发芽，却不知道该校抓了一手宝贝后，终将采取优胜劣汰的法则：将35%左右的学生作为重点培养，目标为市一中。成绩垫底的学生，老师会不厌其烦地"劝学"，劝学生、劝家长转校，劝学不成便极力打压，直到自愿转学。这些被学校"劝学"的学生多数成了"问题学生"。

2. 应试教育的前提下，考试与作业成了学生成长中的拦路虎

由于当前教育选拔人才最主要的手段是考试，于是，教师也不得不把获取成绩的压力加在学生身上。这样就出现了教师对学

生采取一些强制手段，忽视了对学生学习兴趣的培养，挫伤了学生学习的主动性和积极性，从而使学生对教师产生抵触情绪甚至反感而导致学生出现一些极端问题。

以分数说话是许多学校保证教学质量的唯一目标。为了取得家长、社会的信任，学校努力营造成绩氛围，为了让学生提高成绩，各科老师将作业层层加码，有初中生的家庭作业要做到深夜。周末仅有的时间被压榨到没有任何时间触摸自己的兴趣爱好，有的同学无法忍受这种学习方式，撕书本、撕试卷、上课睡觉等现象层出不穷。

3. 学校对问题学生缺乏足够的心理健康教育

问题学生的一切问题都是有因有源的，并且是由平时的小问题积累而成。在日常的生活与学习过程中，出现小问题是难免的，也因为其小，家长与老师都容易忽视，更不用说专业的心理辅导，造成对学生的心理疏导缺乏及时性与有效性。

初、高中的主要工作目标就是升学，升学率统领着全校师生的日常生活，许多学校将学生的成绩分为三六九等，分班而教，分班而治，师资分配也有明显差别。火箭班、实验班、重点班的学生占据了绝大部分优质师资。其他学生的管理形同"自然放养"，只要学生没有严重的违纪违规，老师就睁一只眼闭一只眼，任其成长，家长也无能为力。在这种情况下，这些学生心理自卑，行为桀骜不驯，文身、抽烟、早恋、追剧、泡网吧时有发生。

三、 不良的社会风气影响着学生

社会越来越精彩，精彩里面越来越复杂，每一个复杂点都在冲击着好奇的眼睛与心灵。网络中种种低级趣味的游戏、视频、小说深深地吸引着自制力不强的学生，刺激着他们的每一根神经。公平正义缺失、投机取巧经营的社会偶发现象缸染着涉世未深的学生。学生找不到读书的意义与乐趣，读书学习成了乏味、枯燥的事，而他们对不良现象又怀有强烈的猎奇心理，因而进一步加剧厌学弃学、扭曲灵魂。

面对这些"问题学生"，作为老师，特别是班主任该如何救赎行走在险途边缘的他们？

1. 尊重与理解

尊重和理解"问题学生"是沟通师生心灵的桥梁，是转化"问题学生"的有效良方。问题学生不受老师重视，还被优生和家长用鄙视的、偏见的眼光看待，长期处于"后进"，因此他们对老师和他人给予的评价非常敏感。他们迫切需要身边的肯定和表扬，往往片言只语的表扬都会给他们极大的鼓舞，甚至成为他们积极向上的动力。善于捕捉"问题学生"的闪光点，及时表扬他们的优点和进步，表扬多于批评，鼓励多于指责，让他们能领略到成功的喜悦，树立"其实我并不差"的信心，消除"破罐子破摔"的消极心理因素，是我们每个教育者转化"问题学生"应该遵循的一条客观规律。

学习有困难，行为一时有过失的学生，心理脆弱，自卑心严重。因此，教育中我们必须从理解的角度出发，根治他们心理上的障碍。首先，让他们明白基础差并不可怕，可怕的是不能正视自己，通过讲名人（身边的人和事）的故事，鼓励他们要敢于面对困难，勇敢地抬起头来，让他们从名人的故事中树立战胜困难、克服困难的坚定信念。其次是和他们交朋友，设法让他们回忆自己以往成功的经验，让他们明白敢于开始就等于成功了一半。大部分的"问题学生"都不愿意与老师交流，更不愿透露自己的心声，因此，我们应主动接近他们，关心他们，重视他们，设法让他们敞开心扉，说出心中所想，帮助他们扫除心理障碍，解决问题。他们有事就主动帮助他们，有病主动关照他们，让他们从心理上感到老师不歧视他们，像自己的父母一样在关心和爱护他们，既是师生，又是朋友，使他们从内心对老师敬佩。

2. 关爱与鼓励

一位当代知名教育家曾经说过这样一句话："所有难教育的孩子，都是失去了自尊心的孩子，都是具有强烈自尊心的孩子，教育者就是要千方百计保护孩子最宝贵的东西——自尊心，这是切断后进生源的重要手段。"老师平时对学生的否定与过度批评会严重伤害学生的自尊心，优秀的孩子之所以能在正确的道路上奔跑，是因为家长和老师不断地关爱、鼓励与纠偏。

小邓同学学习很刻苦，却不爱参加班级活动，与老师、同学交流甚少。家长认为孩子只是性格内向，可老师后来发现该学生稍微受到批评或委屈时会默默地流泪，老师找了个机会与她谈心，得知她从小生活在一个经常吵架的家庭，心理渐渐地越来越压抑，越来越有不安全感，睡觉常常做噩梦，害怕与人交往，说着说着就大哭起来。我轻轻地抱着她的肩膀，抚摸着她的后背，"小邓不哭，大人是大人，你是你，他们的事情你能做点什么就做点什么，帮不上的就不管，你已经很优秀，以后有任何不开心的事，只要你愿意和我讲，我就是你的妈妈，是你的姐姐，是你最好的朋友。"好不容易她才平静下来。自此以后,我常联系她的爸爸妈妈,讲家庭环境、家庭情感对孩子的影响,同时,对小邓也格外关注,鼓励她发挥音乐特长,参加学校的"三独"比赛,表扬她做得任何突出的地方,晨跑的时候常常刻意地与她并驾齐驱,甚至连拍照时我也会给她多拍几张。毕业的时候,她留给我一张精美的卡片,写着"您让我看到了人间的温暖"。

3. 宽容与坦诚

就是教师应宽容、坦诚地对待学生,这是教师和学生沟通的"催化剂"与"润滑剂"。

小明同学常常偷偷摸摸玩手机,没收第一个的时候我通知了家长,他们说是孩子从爷爷那里拿的,为了做作业对答案,我告诉家长我从来不会要求学生用手机对答案,所有作业全都是我批改,于是要小明将手机带回家,并警告他任何时候不准再玩手机。没过多久他又玩手机,我没收后告诉他,等期末考试完后要他爸爸来学校领取,我以为事情就这样结束了。两天后,小明来到我办公室。

"老师,那手机是我借了某某人的,我答应他三天之内还回去的,您能给我吗?不然我成了一个不守信用的人。"

"既然你愿做一个守信用的人,现在你给我写一个保证书,保证以后不玩手机,在家也一样,我相信你能做到。"

他犹豫了一下,竟然真的写了。

"从现在开始,你的保证书就生效了,再玩的话,我将在全校的大会上宣读你的保证书,能做到吗?"

"能!"

我将手机给了他,他也从此与手机告别了。

我的宽容感动了他,现在他不仅改掉了陋习,学习成绩稳步提高,思想素质、行为习惯等都大有好转。这件事使我进一步认识到:宽容不是迁就,而是一种教育的艺术,宽容的实质就是相信学生一定会变好,目的是给学生改正缺点完善自我的机会。

4. 疏导与利用

对学生中已经或即将产生的负向叛逆心理,教师切不可采用压制和强制服从的办法,要认真做好疏导工作。学生产生负向叛逆心理,内在的原因是他们缺乏社会经验和辨别是非、善恶的能力,看问题容易简单、片面,但他们思想开放,单纯耿直,敢想敢说,只要道理明白了,转变态度也就指日可待。

拙与巧

大拙成巧,并施出硕果。

做一个"弱势"班主任

欲高反下,欲取反与。

——鬼谷子

会示弱,是足够大气的表现。做一个"示弱"的老师,我们才会感受到学生的"强大"。敢示弱,是对能力的自信。

在教学中教师有意识地弱化自己的思维不仅是一种能力,更是一种艺术,既不能让自己真正地弱化,又不能让学生感受到教师在装弱,在逗学生玩。弱化的力度需要教师在实践中有意识地去把握和体会。

真正厉害的老师,都喜欢示弱,提高学生的积极性,增强学生的自信,示弱也是对学生智能、体能等方面的尊重。

魏书生老师说过,凡是学生能干的事,班干部不要干;凡是班干部能干的事,班长不要干;凡是班长能干的事,班主任不要干;好老师不会唱独角戏。这就是通过以"不要干"来示弱,让"能干"的人站出来完成任务。

示弱能增强学生的自信,培养学生的质疑精神。传道授业解惑只是教育的过程,而不是目的,教育的目的在于激励、唤醒和鼓舞。教学中,教师适度示弱,把学生的思维推向思考的前台,让学生自己学习分析、综合题目中的相关信息，通过有效交流掌握解决问题的相关策略。这样，学生的能力才会提高，学习的自信心就会与日俱增。

让学生用他们接受的方式表现自己。八年级面临着生物、地理的会考，有许多内容需要背诵并强化练习。我假装感冒了，要求学生须自行完成布置的试题，列出错题，中餐后背诵知识点，由班干部监督完成。之后特意交代课代表，每天向我汇报具体情况。没想到当天班长就召开了一个全班的商讨短会。大家一致通过了每个中午轮流学习生物、地理，十分钟做题，五分钟背诵，五分钟整理错题，全对的同学负责上台讲解难题，小组长检查完成情况，班干部轮值并立下奖惩规定的决定。这是第一次由学生以自己的方式解决自己的问题，在此期间，还人人努力争做全对，他们认为上讲台讲解难题是一项殊荣。人人害怕不合格，不合格会"株连一组"伤了感情。一周下来，效果比我在教室里监督的效果还要好。

加强小组讨论的教学环节。对于自信心不足的人来说，在众人面前展示自我是一件难为情的事。教师可以参照治疗心理疾病的脱敏疗法，让不自信的学生从可以接受的较小范围慢慢过渡到大的范围表达自我。例如，从同桌商讨，到四人小组讨论，再到八人甚至更多人数的集体讨论；从指定小组组长发言，再发展到组长发言后小组成员补充意见。在课堂上，人人参与到讨论、实验操作中去，各小组互相竞争，表达自我就成了课堂上一件自然的事情。教师可以设置一句开场白：横看成岭侧成峰，看待问题各不同，对这个问题我想听听大家的意见，欢迎百家争鸣。然后将问题以"同轴圆"的形式逐一推进，如问题提纲→引导讨论→表扬积极与平时不自信的学生→坚持。我班每周有一节"特色课堂"，开学初我将各小组的任务分派到月，由他们自行敲定积极的、正能量的主题，然后小组内部明确分工，做到各项任务有人做，人人必发言，按照要求安排主持、文稿、PPT制作、解说、秩序维护、计分、美篇制作。同学们从此喜欢上了"特色课堂"，他们的表现力越来越强，课堂也越来越精彩，我一直坚持至今有11年，这也成了学校的重点工程，也因此我班上没有一个学生是不愿意上台展示的。

鼓励学生成为助手。九年级的学业更加紧张，学校要求学生住校，有一位同学平常在家除了做作业自己完成，其他的事全部由父母完成，连整理书包都是他妈妈帮忙。造成他生活自理能力非常差，每天都不整理床铺、衣服、书包，慌忙的时候还冬穿夏服，夏穿冬衣。多次指导无效，只好另想办法。下课后我说我很累，请他帮我整理办公桌，没有告诉他要求，居然整得十分零乱，书籍资料由小到大往上堆，水杯台灯往外放，结果倒成一桌。此时我只告诉他一句看怎么放才不倒，怎么放才更方便。第二次时，将大的书本放了下面，还算整齐，没有倒。我又请他帮忙分一下类，那样更方便。第三次时，他将我的教材、资料、作业分得整整齐齐，书脊朝外，茶杯、笔筒放在右上角。我问他是不是很开心，他说从来没有这么做过，很有成就感，我鼓励他只要今天能整理好他的书包，我就打电话给他妈妈表扬他，他真做到了，我也做到了。一个星期下来，再也没有出现过此前的状况。

班主任的示弱，不仅是在学生面前，还需懂得在同事面前示弱，以快速有效地解决自己难完成的任务。

班集体的建设，光靠班主任的力量是远远不够的，要把科任老师团结进来，要让科任老师成为你的副班。如果能借助科任老师的力量教育好班级里个别令人棘手的同学，常常会使班级工作"柳暗花明又一村"。因此，我还会不失时机地向科任老师"示弱"。

体育是九年级的中考科目，到三月份的时候班上还有不少学生达不到90分。于是找到体育老师，跟他说："我除了当班主任还任本班两门课，还代了一个班的地理，时间上分身乏术，重要的是体育训练是个外行，这十多个同学的成绩不理想，十分着急，得请你出马帮忙。"通过体育老师两三个月的"特殊照顾"后，这些同学的体育成绩均在90分以上了。

邀请任课老师加入班级管理，甘于向他们示弱，这样大家才能心往一起想，劲往一起使，形成班级管理合力。

示弱显示了教师的真诚。实际上，我们教师的确很"弱"。世界日新月异，知识层出不穷。而孩子们是一个群体，一人知道一点，全班就是一个智慧囊。韩愈说："弟子不必不如师，师不必贤于弟子。"我们应该以实事求是的行动来影响学生，以真诚的人格魅力来感染学生。教师适度"示弱"不仅不会降低自己的威信，还会赢得学生的接近和信任，教师勇于"示弱"，是对学生的积极的关注、肯定与鼓励。

示弱不等于懦弱，而是通过引导帮助学生快速成长。班主任学会并敢于在家长面前示弱，是一种智慧，也是一种胸怀。

有许多事情单靠班主任、老师是很难在课堂完成的，那就得借助家长的力量。

"新冠"病毒出现后,为了让学生更加清晰地认识病毒的传播方式,我在班级群里发了一条"求助"消息:由于本人的水平有限,很难在短时期内想出病毒传播的示范,请家长们群策群力以看得见的案例来解说病毒的传播方式。三天时间便收到了五花八门的关于病毒传播的视频,其中最为经典的有两个:一是双手沾上墨水后,摸门把手,摸水龙头,摸茶杯,摸椅子,然后另外一个人又摸这些东西,非常明显地被沾上了墨水,这不仅展示了病毒的传播,还告诉我们勤洗手的重要性。另外一个是家长躲在门后,朝阳光充足的门外打喷嚏,细微的飞沫顿时四处乱飞,在暗处看得一清二楚,他讲述了戴口罩的重要性。当我把这些视频展示后,学生们都认为直观易懂,形成了入骨的记忆。

真正的示弱不会留下痕迹,是润物细无声的,将示弱走得更远一些,班主任老师会更幸福一些。"示弱"要用好它需要有前提条件且要讲技巧。必须有爱心,要做到爱生如子,而且像了解自己的孩子一样对每个学生的脾气和性格了如指掌,对有些学生无须"示弱",有些学生则不能"示弱",还有些学生则需要"示强"。注意树立自身良好的师德形象,平时对学生要一视同仁,切勿厚此薄彼,失去教育的公平和公正性原则,要威严与慈祥同在,要让学生既敬你又畏你!要讲究对象、时间、地点和事情。不仅能教育好大家眼中的差生,同时也大大提升老师的人格魅力!

其实,在生活中,很多时候示弱既是一种自我保护,又是一种蓄势待发。古人云:明枪易躲暗箭难防,一个人,要想在复杂的环境中不被人发现自己的弱点,就要懂得隐藏自己。"他强由他强,清风拂山岗",人活着,要想有所出息,更应懂得在强手如林的环境中要示弱的道理。作为老师,应当以各种形式教会学生先做弱者,就可以很好地隐藏自己的弱点,然后,在众人不经意之中,表现出我们的才能,从而一飞冲天,实现自己出人头地的人生目标。

做一个"强势"老师
——凭什么让学生和家长信服你

有威则可畏,有信则乐从,凡欲服人者,必兼备威信。

自身有价值,才会像吸铁石样吸引别人;自身够强大,才会让人景仰与信服。作为班主任,示弱是培养学生的自信,示强是让学生觉得你是一个值得尊敬的老师,让学生愿意从你那里获得指点和帮助,赢得学生的真心敬佩与爱戴,从而也使教育教学工作得以顺利展开,让人信服才会成为真正意义上的"领头羊"。

一个合格的班主任一定是一名合格的老师,一名合格的老师首先应当有高效的课堂,于是我将合格的老师定义为有效老师,将合格的班主任定义为有效班主任,教师中的强者。有效老师具备哪些共性特点呢?

一、全面的知识体系

"学高为师"强调的就是知识对教师的重要性。中小学教师对中小学生影响是非常深远的。不仅表现在影响着学生未来知识系统的形成，更表现于教师还会影响着学生的求知态度和世界观的形成。教师不求甚解的态度必然会影响到学生对待知识的态度。而且当教师不能顺利地回答出学生提出的本学科内所学的问题时，学生会对教师的学识甚至是教师的人格产生怀疑，认为教师是"徒有虚名""在其位不谋其政"等等。时代责任要求教师要不断丰富自身的专业知识，要重视在职学习，日积月累，求索创新本专业的知识与教学技法。多订阅和浏览一些学科杂志、教学期刊和理论书籍。经常阅读报刊、阅读网络、阅读经典，猎食与时俱进的相关知识，从而促进个人知识体系的成长与完善。

这样的教师对学生的任何问题都准备充分，而无须逃避学生的提问或者搪塞学生。比如地理课，可能有学生在任何章节提出边缘问题，一位知识广博的老师可以从容面对星辰大海、远古当下、物种矿产、世界风云。又如语文课，作为一名语文老师，具备较高的写作能力和鉴赏文学作品的能力是必须的。要想让学生写出精彩的文章，引导学生时心中当有古今中外、山川河流、古往今来、时事政治、人间烟火，能化解得了学生的视野障碍，能游刃有余地串连起学生的思维碎片。

二、有效的表达能力

教师的思维要准确，讲课语言发音要准确，吐字清晰，讲解要条理清楚，简练、通俗、生动，有启发性和感染力。语言表达，是教师最重要的基本功。如不善表达，讲不出来，那就是"茶壶里煮饺子"，要教好学生恐怕很难。对教师来说最起码的要求是：一要说得准确，条理清楚，不颠三倒四逻辑混乱。既不能含含糊糊、模棱两可，也不能说来道去不得要领、没有主旨、越说越糊涂。二要说得简明，言简意赅，让学生在脑中形成清晰的、深刻的印象，话并不在繁，浅显易懂为佳。三要说得生动，富有感染力，语言要可亲可信、巧说为妙，切忌枯燥呆板，更不得故弄玄虚。四要说普通话，语言要规范，要合乎语法和逻辑。

表达和解释清晰的教师更能使学生学到更多的知识，学生也会对他们有较多积极的评价。备课的时候，这样的教师要努力预测学生将会遇到的问题。比如，我们现在的备课要求，老师要把将给学生做的练习题先做一遍，用来确定学生可能存在的问题。上课前要寻找一些恰当的例子来说明和讲解本课要解决的问题。比如，我们有的老师讲课，学生一听就明白，尤其是数学课，他在课前能够找到新旧知识的最佳连接点，为学生架设了一条知识之间互相联系的桥梁，让学生一下子就豁然开朗起来，而非拖沓冗长地一遍遍讲解。有更多专业知识的教师在讲解中很少含糊不清。

三、 教师的热心和热情

教师队伍里，总有一些老师比同行们更加富有热情。一些研究发现，教师对自己专业的热爱程度和学生取得成就的程度成正比。热心、亲切和理解似乎是教师最能影响学生的因素。教师在教学中热情饱满，能使学生更积极地参与学习。

假如语文老师自己热爱写作，她必将带动班里学生的写作。但是不仅仅如此。孩子们的作文她每次都认真指导，仔细修改，最后老师还将孩子们的文章向报社、杂志投稿，学生看着自己的文章印成铅字，写作热情定会更加高涨。老师的热情点燃了孩子们的笔耕不辍，老师的热心点亮了孩子们的孜孜不倦。

只有具备了这些条件，一个普通的科任老师在学生心中也是一个强者。

做一个有效的老师难，做一个有效的班主任更难。班主任不仅要让学生信服，还需要得到家长、搭班老师、校领导的认可，要取得他们的认可是有步骤与方法的，在不同场合偶尔示强。

立人先立德，树人先树品。立德，是对教师的要求，更是对班主任的要求。具体来说，"立德"对教师的要求是立帅德，"帅德"是教师素质的灵魂，即"师魂"。它是教师的职业道德，是教师和一切教育工作者在从事教育活动中必须遵守的道德规范和行为准则，以及与之相适应的道德观念、情操和品质。教师是学生崇拜和模仿的对象，教师只有以身作则，才能有效引导学生怎样去做人和学习。教师必须"立德树人"，以自己的人格魅力去吸引打动学生，提高学生的学识和修养，这是教师工作的最终目的。学高为师，身正为范，这是对教师职业特征的概括，也是对现代教师人格塑造的要求。关爱学生、刻苦钻研、严谨笃学，勇于创新、奋发进取。俗话说："活到老，学到老"，我认为要做一名好老师，教师的专业知识是教书育人的资本，是将学生培养成才的必备条件，是教师必备的业务素质。

突出的个人能力是"示强"的梁柱。个人能力包括教学能力、组织能力、学习能力、沟通能力、管理能力等。

教学能力主要表现为教学活动，是一个双边活动，也是一种创造性很强的活动。教师教育教学效果的好坏与自身的教学能力息息相关，没有较高的教育教学能力，不可能有好的教学效果。教师只有深入钻研教材，研究教学内容、目的和学生实际之间的内在联系，采用多种教学方法实施教学，才能在教育教学中游刃有余，达到"传道、授业、解惑"的目的。

组织能力是教师取得教育教学成功的保证。教师要能集中学生的注意力，灵活调节教学进度，建立起一个具有良好学风的班集体，创造一个良好的学习环境，以饱满的热情、旺盛的精力、丰富的想象力，创造性地组织学生开展课外活动。此外，教师还要有效地利用好课堂时间，活跃课堂教学气氛，调动学生学习兴趣，引导学生积极思考，发展学生的创新能力，维护课堂秩序，这样才能收到预期的教育效果。

学习能力，对专业知识的学习要保持孩子一样的好奇心，储备足够的知识。比如教小学的要有教初中的教学水平，教初中的要有教高中的教学水平，教高中的要有教大学的教学水平。要关注国家颁布的新课标，了解教学目标的变化，做到与时俱进。

教学的主要表现为沟通，与学生的沟通要有一颗爱孩子的心，对于做基础教育的教师，还是要引导学生，不要轻易放弃一个孩子。与他们沟通，了解孩子的难处在哪里，和他们的家长沟通，拿出问题孩子的解决办法。沟通中语言是表达和交流思想的工具，是学好知识的基础。教师良好的语言表达能力是开展教育教学工作最重要的因素之一，它不仅直接影响着学生对知识的接受程度，也直接影响着学生语言和思维的发展。教师较好的语言技能，可以帮助自己更好地完成教学任务、实现教学目标，努力做到用词精练，言之有物，吐字清晰，生动活泼，富有感染力。

班级管理能力，课堂吸收对学生很重要，所以课堂纪律不容忽视。过于刻板的纪律要求，又会导致学生对该学科产生厌学态度。解决办法关键是授课内容能吸引学生，还有许多其他方法可以混合使用。比如，授权学习好的学生帮扶差生，一个讲加深理解知识，一个听可以加快理解速度。

人无信不立，班主任是学生诚实守信的榜样。诚信教育的关键是教师具有诚信意识，坚信诚信的庞大力量，和教师诚信操守的表率作用。一个讲究诚信的教师，才能培育出讲诚信的学生。教师要做到诚信，并擅长运用表率的力量，去做好育人工作。

教师的言行会成为学生效仿的典范，教师的人格素养越高，其榜样作用也就越强。学生的诚信要由教师的诚信来培养，教师的一举一动影响着学生的成长。教师的正面和负面影响都会在学生的心灵中留下烙印。

有了足够的底蕴，就需要在合适的场合适当地展示。

曾有一位美术老师，在第一堂课时通过五分钟视频介绍自己，重点介绍了他的许多爱好，旅游到过30多个国家，参加足球比赛，喜欢游泳，酷爱书法并出过书法专著，除了英语有八级水平，还喜欢西班牙语，其实美术才是他的主业，介绍过程自始至终没有展示自己的教学水平。班级顿时沸腾，在学生心中通过这个视频已将老师定位为"大神"，他这就是以"能"增"强"。

这位老师很有水平，抓住了学生的猎奇心理，只讲他外面的世界，让学生容易崇拜。没有展示他的教学成果，却让悬念化成没有悬念。教学成果也不好展示，因为各种原因，一个班的学生因为爱好、思维、家庭等原因不可能十指同齐，有优秀突出的，有迟缓滞后的，因此，不介绍教学成果既给了学生悬念，又是明智的选择。

很多班主任常跟学生和其他搭班老师讲"将课间十分钟还给学生"，有的老师总喜欢挤占几分钟，这无疑是一种失信的表现。学校既然规定打铃表示学生下课休息，教师就应该履行规定，遵行规定，尊重学生的权利，下课铃一响就应当解放学生。

我带九年级时，五月份模考，考试前我告诉学生，班级名次只要达到年级前三名，就带他们去参观新建的博物馆。结果很完美，班级成绩为年级第二名，可那个周末下雨，计划便取消了，学生们也理解。到了下个周末，有部分学生议论是否能满足愿望，我原本想取消曾许下的承诺，毕竟快中考了，时间紧张，可又想着不能让自己失信，这也是学生们用自己的努力换来的，同时还可以教育学生做一个诚信的人，于是组织大家去了博物馆，这就是以"诚"取"强"。

征服灵魂，需要爱与行动。示强的目的是要学生、家长信服，只有信服了才可谓征服。

初中阶段有许多内容需要背诵，稍有懒惰就全落后。我带的班级之所以优秀，除了学生与科任老师的努力，还有我"强势"的辅佐。

早读半小时、午读20分钟、第八节读20分钟，日复一日，在校时间从不间断。规定时间，规定内容，只要我在教室，便与学生一起读一起背。小余同学平时的记忆能力较弱，开始时总不能按时完成任务，我就站在她身边同时读同时背，我背完她还不能背时，我便偶尔提示她，甚至教她记忆方法：读三遍，试背一遍，然后读两遍背一遍，再读一遍背一遍。通过一个月的训练，她也成功地能在规定的时间完成背诵任务了。其他同学看在眼里敬在心里，这么"强势"的一名班主任在旁边，谁也不敢落下一步，我硬是强势地将规定改变成习惯，以习惯养习惯，就这样同学们服了，家长也服了，这也应了"习惯要靠习惯来征服"。后来我就让优生用同样的方式轮流带领大家，对所有任务日清日结，因此，所带班级的成绩总是名列前茅。

一位班主任仅在学生面前示强还不够，还需在家长面前示强，因为教育主体是学生、教师和家长。在家长面前示强更需要技巧，不然会适得其反。

我曾对学生承诺，能让我请一次家长来学校的，下次考试时可加5分，只是必须满足我定下的规矩：成绩进步10名的（这除了鼓励学生，同时也鼓励家长）；为班级争取了荣誉或立功的（这是感谢学生与家长的付出，同时表示敬意）；班级需要帮助时，学生或家长能积极参与的（班级建设本来需要群策群力，这是班级的光荣）。我将此承诺发在班级群，所有家长与科任老师都极力赞同。这不仅仅是沟通能力的表现，也是班级管理能力的体现。承诺一出，同学们为了那5分个个都奋不顾身地学习和参与活动，成绩显著。与家长处理好关系，同时又不能与家长的距离太近，必须坚守老师的威严与尊严，距离太近会造成请吃请喝，甚至送礼送红包，守住底线是示强的表现。

光明磊落地示强，总会得到学生、家长的认可和点赞。

在合适的时空里，适当的示强可以立威、立信，并获得韬光养晦的机会。

胜在合作

上下同欲者胜。

——孙武

合作可以培养团队精神,大家都有着共同的理念或目标才会在一起共事。合作可以让大家朝着一致的方向去奋斗。合作可以增进彼此间关系,在一起处理或面对事情时,增加对对方的熟悉程度,创造更好的做事环境。合作可以相互激励,每个人都会有气馁或失意的时候,在伙伴的鼓舞和关心下,更有激情地去做事,效果更好。

不谋全局者,不足谋一域。合作,就必须先重大局。

成功的团队成就每一个人!凝聚团队,聚焦目标,为梦想创造无限可能。为了让学生树合作精神,我自七年级接班开始,就以模块式的方式让学生体验、参与合作,主要分为逃生实验、小组合作、班级合作、家校合作、同事合作五个模块,每个模块由若干任务组成,每个任务分为三年完成。

逃生实验,我会给每届学生在入校第一期时做这个"小球快跑"实验。实验准备:八至十个空啤酒瓶,与学生数量相等的小于瓶口的塑料小球,每个小球用绳子穿好,形成钟摆样,五六个学生为一组。实验过程：每个小组一个瓶子，每个学生一个小球，逐一放入瓶中，各自捏紧绳子，规定在听到"逃生"口令后，看哪个小组在最短的时间内将小球取出。通常结果是大家手忙脚乱嘻嘻哈哈一团糟，有埋怨的，有扯断绳子的，有开心的，有沮丧的，有的甚至将绳子绞成了一团麻，种种表现。第一次实验完后，我给大家讲解每个人要有合作精神和牺牲精神，将每个小球当成自己的生命，各小组就应统一意见，将每个人排序而出，这样才能既安全又快捷地完成任务。如此两三次下来，完成时间由原来的两分多钟缩短成为三四秒钟。

做完"小球快跑"的实验后，我会将该实验应用到现实"逃生"演练中。演练过程中，学生知道了"有序才能快捷"，第一次演练时总体效果还不错，只是忽略了弱势学生需要帮助的情况。于是告诉他们在"逃生"时要注意强弱搭配，男女搭配，不能手拉手，却又要随时准备拉一把旁边的同学，根据走廊的宽度调整队列，两三人一排，狭窄处右边的往后退位。两次演练之后，60人从四楼到一楼的"逃生"由第一次需要三分多钟缩短到一分四十七秒。

这就是合作的效果，这也是大局意识的培养，每个学生在毕业后谈及此实验与演练时，无不记忆犹新、刻骨铭心。

在课堂上开展合作学习是《义务教育语文课程标准》提出的教学理念，也是一种重要的教学方式。要求教师遵循学生认知和发展规律，转变教学方式，以教学目标为导向，以小组学习为抓手，以合作探究为载体，以学生发展为主旨的课堂学习策略体系，这就是小组合作学习的内涵。

小组合作学习模式是一种行之有效的学习模式，教师在教学中提到的每一个问题，都先留给学生必要的时间和空间去思考和讨论，这样才能够使学生不断发表自我的观点和见解，发挥自我的创造力。对于基础差点的同学，教师在作业的评价上更重视学生的书写规范，对不会做的题目是否留有记号，了解他们平时能否虚心向小组其他成员请教，在他们解题和练习有提高时不吝啬，及时给予表扬，并提议给他们在自主学习方面进行加分。让学生明白只要尽力去学习去思考，就会被肯定被尊重，就会有提高，感受被教师关心的喜悦，在困难时想到有教师、同学和他在一起。

小组合作要成功，需要有铺垫、有技巧。一个班的学生每个人的能力各不相同，在小组编排上就需要老师经过一段时间的观察比照，然后按综合能力进行搭配建组，尽量做到每个组的综合实力不相上下。小组建立后，就要培养他们的团队协作精神，要求他们学会主动和他人合作，充分信任对方，倾听他人意见，不要太张狂，保持乐观心态，培养创造能力。

新学期第一周制定16个"话题"，这样就可避免学生在选题上的困惑。有了"话题"，就让各组自行对每个组员设立岗位，赋予小组每个人明确的岗位与职责，从而确定小组成员各自的分工，小组设立包含文稿撰写、PPT制作、主持人、纪律维护、计分员、学科组长、摄像等岗位，人数较少时可以兼职或请外援。岗位设立的原则是根据小组成员的优势进行科学分配，促使小组成员人人有事做，事事有人做，从而充分调动每一个学生的主观能动性，增强小组成员的团队意识，提高合作品质。文稿撰写前由各组员充分提出建议、搜集材料、商讨遴选，分配任务给平时内向的同学，完成后鼓励并报告老师。PPT制作后，小组自行审阅并修改，每堂最后五分钟由班主任总结，然后形成记录保存。

有了"话题"特色课堂的经验后，将该模式运用到其他课堂。步骤类同，组员配合，由预习找知识点、提出问题、找出答案、小组上台讲解分析、听取其他同学意见、疑难问老师等，这样的小组合作不仅使每个学生提高了自主学习能力，同时能认识到合作的重要性。

小组合作成功后，班级团结合作的问题就会迎刃而解。

每个人在学习、活动中都有相对的独立性，又都与全局相关联，如果一个人只顾自己，不顾他人，不肯与他人协作，势必会影响团队的战斗力和整体形象。

每年九月班级都会举行一次20公里的徒步远足，这对部分同学来讲具有很大的挑战性，特别是平时不爱运动的学生，在徒步过程中总会出现种种状况。

活动前，我会挑选一些家长志愿者，做好各项准备工作，如应急车辆、饮用水、食品、旗帜、创可贴、路途服务点，等等。徒步过程中，有的同学才走七八公里就出现皮肤过敏、腿脚抽筋、脚跟磨破、头昏眼花等现象。精力充沛、体格强健的同学主动成为"护卫"队员，有脱衣服给过敏同学遮阳的，有给腿脚抽筋同学做按摩的，有搀扶脚跟磨破同学的，"不抛弃，不放弃"的口号此起彼伏，此情此景，学生自己感动，家长志愿者感动，我也感动。

学生积极参加集体活动，能增强团结协作精神。参加集体活动,可以增强我们的团结协作意识,进而产生协同效应。在遇到困难的时候就能集体想办法、出主意,做到"三个臭皮匠,顶个诸葛亮",积聚集体的智慧和力量。马克思在《德意志意识形态》中说:"人的能力的充分发挥是最大的劳动生产力和社会财富,是生产力发展的最有效的方式。"同理,班级的荣耀源于每个学生的付出与能力的发挥。

苏联教育家苏霍姆林斯基在《帕夫雷什中学》中提到:"儿童只有在这样的条件下才能实现和谐的全面发展,就是两个教育者,即学校和家庭,不仅要有一致行动,要向儿童提出同样的要求,而且要志同道合,抱着一致的信念。"由于家庭与学校教育内容的侧重点不同,家庭与学校的合作可以使教育内容在一定程度上相互补充,从而保证儿童和青少年接受到全面发展的教育内容,因此,通过对学校、家庭教育的引导,可以最大限度地帮助家庭和学校教育目的的协调和统一。

家校合作重在沟通、尊重和信任。通过实践我们发现,家长会、家长学校、开放日尽管对家校合作有一定帮助,但效果并不明显。而家访、班主任与家长通过电话或社交软件等进行一对一交流、遇到问题及时反馈的作用才具有实效性。因为家长会的主要形式是一个讲众人听,会后人多很难有机会一对一交流;家长学校只能是有条件、有时间的家长参与,有的甚至只是其他监护人,效果甚微;开放日能去的家长就更少,并且学生知道家长来了后,表现的是优秀的一面,家长很难看到真实的状态。

家访与一对一的交流需要班主任付出很多时间与精力,不是夜晚就是严寒酷暑的假期。这种方式也是家长最为认可的,因为相对于他们来讲，满足了个体利益，个体利益得到满足后才会更加珍视，一旦珍视就会合作紧密，互动紧凑，达到真正意义上的同心山成玉，协力土变金。

曾有一位学生，沉迷手机游戏已不能自拔，父母的生气与打骂都解决不了问题，每次吵架之后都是他父母打电话给我，只有我在电话里劝说一阵后，才能让学生安静一两天。

2021年7月12日晚上6点。我刚把女儿安顿好做作业，想舒缓一下一天的忙碌，接到小易妈妈的电话，她边说边哭："小易手里拿着刀，还说要从16楼跳下去。我和他爸都不敢靠近他，请你快来，救救我们这个家！"

原来小易整个下午一直玩手机，晚饭都没吃，他父亲气不过，抢了他的手机。小易暴跳如雷，说不给他手机，他就要自残和父亲同归于尽，要从16楼跳下。吓得他爸离开了家。他妈哭着求着把他弄进卧室，就打电话给我。

小易玩手机游戏，在同学中小有名气。他牛高马大，性格粗劣，现在折腾出这么大的动静，也出乎我的意料。

敲开卧室门，我装作很惊讶的样子。"老师来家访，父母居然没在家陪伴孩子学习，太不应该了。"然后问他吃饭没有。走进厨房，给他炒了一份蛋炒饭，还故意激他："老师的蛋炒饭还是蛮好的。别人还吃不到，你得珍惜哟。"吃完饭后，小易告诉我，不能怪爸妈，是自己玩手机游戏，把父母气走了。我就说我家小孩也玩游戏，玩消消乐对对碰，每次不超过半小时，我在旁边陪着，父母怎么连陪小孩玩游戏都做不到呢？

听我提到玩的是消消乐，他的嘴角不自然露出了瞧不起人的窃笑:"老师,我玩的是王者,大型游戏。""大型游戏玩得好是可以组队参加电竞比赛的,你认真玩,我们班也玩出来个世界冠军。"

"我到不了那水平。"他摇摇头,"我只能业余玩玩。"

"既然是业余的,你怎么把它当作专业来对待呢?你看你,心思精力都扑在这个业余爱好上,学习的主业就不搞了。你呀你,本末倒置!"我故意叹着气批评他。

"老师,我知道我错了,可今天玩到关键的时候,我爸把我手机抢了,我那么多的心血都白费了,我能不急吗?"他辩解着说。

"你的心血既不能带来经济收入,又不能为前途加分。可你却是你爸妈的心血,他们想你考大学,成人,他们的心血白费了,他们也急呀,才抢你的手机。"

说到这,小易摇摇头说:"老师,我错了。我不能让我爸妈的心血白费,我要控制好自己玩游戏。"

"这就对了,不过老师还听说你要从16楼跳下去。你想想,你跳下去,最受不了的三个人是谁?"

"是谁?"他抬着头,迷惑地看着我。

"是你妈、你爸,还有我!"

"人家会指责你妈,丈夫在外边工作,一个人带小孩,小孩玩游戏都管不住、看不了,这个小孩要是做了别人家的儿子,就不会有这样的事。你妈会万般痛心却还要蒙受世人的指责。你说你妈还有幸福吗?"

"也会说我,班上好聪明的一个学生,只是爱玩游戏。要是老师对他的关心指导多一点,这样的悲剧怎么会发生?我会在同事的白眼中抬不起头!"

"老师,别说了,我再也不干这样的傻事了!"小易开始哭了。

心魔一旦被驱逐,一切云淡风轻。我打开门把他一直在门外焦急等待的父母放进来,这个家庭又恢复了往日的欢乐祥和。而我开车回家,一路灯火通明,春风和煦。

感谢家长对我的信任,也感谢学生对我的信任,没有平时沟通的温度,估计融化不了孩子心中的坚冰。因为家庭环境不一样,每个家长的教育观念会不一样,教育孩子的方式也不一样,但家长和老师都希望孩子健康成长。家庭学校合作是让家庭教育与学校教育形成合力,互相配合,根据每个孩子的实际情况指导,给予他们更多的照顾,使孩子能够充分享受学校和家庭的照顾,享受教育带给他们的幸福。

班级管理只是班主任的事,与科任教师关系甚微,这是极其片面的思想认识。学校教育的根本任务是"教书育人",而"育人"是全体教师的共同职责,管理工作是实现"教书育人"任务的重要手段,除班主任之外,科任教师也需要积极参与。

所有老师的工作目的就是将学生教好,将班级带好。科任老师虽然只教某个科目,但班主任要与他们通力合作,让他们也像班主任一样关心班级,积极、热情、主动地参与到班集体的管理当中。怎样做好与任课教师的合作呢?

在工作中,班主任要充分信任任课教师,鼓励支持任课教师积极参与班级管理工作,切忌打消他们的积极性。一旦出现纪律问题，应该由哪位任课教师解决，要落实课堂责任制，一定放手让他们干，这样有利于任课教师树立威信，也能减轻班主任工作量，更能激发任课教师积极性，进一步融洽同事关系和师生关系。

另外，班主任还应尊重任课教师，不在学生、家长和其他人面前指责、议论，甚至诋毁任课教师，特别是不能在其他人面前说长道短，透露任课教师的个人不良信息，这样势必会影响教师的形象，给各位教师的教育教学工作制造麻烦，影响同事间的团结，甚至会导致难以想象的后果。

现实中，确实有个别老师存在只管课堂教学，淡化纪律与责任；有安于现状不关心学生的学习效果与考试成绩；有只顾自己所教的学科名列前茅，牺牲其他科目时间，等等。这就需要一个灵活的班主任"横刀立马"来构筑兄弟姐妹情了。

人都渴望得到认可、表扬和鼓励，班主任有责任、有义务帮助搭班老师树立威信。要利用合适机会向学生介绍每一个搭班老师，注重强调搭班老师的优点、特点、敬业精神，使学生在思想上先接受每一位老师。甚至要带着"欣赏""景仰"的心对待搭班老师，这样，学生才会跟着步伐来。有时还要在合适的时候在班级群里恰如其分地表扬科任老师，这样既取信了学生，又取信了老师，还让科任老师有了存在感、作用感、荣誉感和成就感。

从强制到习惯

养成一种习惯、形成一种性格、收获一种人生！

中小学生，年纪小，自制力不强，在学习中喜欢和老师、家长讨价还价，而老师每每用奖品、记分等作为激励，家长往往以看电视、玩手机等作为诱饵的方式引导学生学习，但不少学生学习效果微乎其微甚至功亏一篑。这是因为学生将学习当作了一种交换价值，需要的时候捡起来，有时在捡的过程中根本不注重质量，不需要的时候还懒得去捡，没有把读书当作一种责任、形成一种习惯。

培养一种习惯不是一日之功，特别思维尚未完全开化的学生尤为困难，而在"教育就是养成习惯"的宗旨下，老师为了培养学生良好的学习习惯，需要花费比学生还多的耐心与决心。

在习惯培养的不同阶段，家长和孩子需要做的事情不完全相同。

第一，清楚表述习惯的内容。

要跟孩子明确习惯的要求，如果孩子不知道要求是什么，当然也就不可能做对、做好。在对孩子提出明确要求时，要用正面描述，即不用否定语言。因为反向的表述强调了错误的行为，孩子马上想到的就是错误的示范。

比如，要求学生记单词时，要强调"记单词就将每个字母记准确"，而不要说"记单词时不要加减字母"，否定的表述总会让人在潜意识里有否定的内容出现。又如，"做作业时，腰挺直"比"做作业时，不要驼背"好。

九年级下学期的体育科目是要计入中考总分的，不少学生平时疏于锻炼，长跑、跳绳、跳远难以取得优异成绩。针对这种情况，除了要求学生加强锻炼，还需告诉其家长锻炼的必要性，要想上好的高中，体育不能丢分，放学回家后坚持跳绳五组，每组一分钟，每分钟应达185个；跳远五组，每组跳三次，目标长度男生应达二米五，女生应达二米零二，家长监督拍视频。

第二，肯定地表达习惯的合理性。

老师和家长的愿望通常是美好的，希望孩子可以养成良好的学习习惯，为之后的学习奠定基础。但在实施的过程中，学生的表现总是良莠不齐。

为什么会这样？其中重要的原因是在开始时，给孩子提的要求期望值过高，没有考虑到孩子的实际发展水平。由于孩子生理发展的限制，小学低年级的孩子注意力维持的时间一般只有15~20分钟，初中生的专注度约30~40分钟，约定的内容过多会超时，超时的内容成了负担；约定的内容难度过大，造成心理压力，压力成了难题。要求孩子静坐40分钟对孩子来说实在是"大难题"。因此，老师要根据孩子的发展特点，提出符合孩子发展水平的要求，小步子循序渐进，帮助孩子逐渐养成良好的学习习惯。

所谓小步子，即斯蒂芬·盖斯在《微习惯》中提出的"微目标","在完成你的微目标之后,你很可能会继续完成额外环节。利用微习惯做事,你会收获巨大的惊喜。"完成微目标形成微习惯,微习惯续出常态习惯。

如学生在家的锻炼的任务,没有脱离实际,锻炼数量上是每个学生都能完成的,先监督完成数量,对完成好的家长和老师就都及时提出表扬。

第三,将约束自己形成习惯。

说到做到,坚定不移。计划每天做5个俯卧撑,就一天不落地去做;认识到写字潦草、做题马虎这些毛病,就在写字、做题时严加注意,确保字迹工整,题题复查;意识到了不良学习习惯的危害,就自动自觉地克服。做到"有志者,立长志","有长志,必坚持"。在习惯形成的过程中,在自己的自制力还不十分强的情况下,应从控制自己的活动时间、活动空间、行为习惯入手来约束自己的行为。在时间上,从早上起床一直到晚上就寝,都安排满有意义的学习内容和活动内容,不让一日虚度,不让一时空耗。在空间上,严格控制自己的活动范围,网吧、游戏厅等游乐场所,无论自己多么好奇,无论别人怎么引诱,也不要去。在行为上,狠心抛弃自己的不良习惯,将手机、游戏机直接交给父母或老师,无论何种情况,与它形成绝缘。

体育锻炼在严格的监督下,顺利完成一个月左右,孩子就叫将每天的锻炼当作一件必须完成的事,这便是久久为功终成正果。

第四,突破自我养成习惯。

在习惯养成过程中最大的障碍就是无法坚持、缺少恒心,而习惯培养恰巧又不能一蹴而就，因此在老师的督促和监督之外，要接纳孩子的反复，理解孩子的反复，签订"契约"便是一种行之有效的方式。学生在强制、熟悉期中坚持同一习惯后，他开始逐步尝到好习惯带来的好处，而这种感受和体验又会激励孩子继续坚持好习惯，此时，老师应及时激励、奖赏学生，并将成果总结、反馈，帮助孩子了解自己哪些地方做得好、哪些地方需要调整、如何调整等等，让孩子更好地掌握。

破除懒惰，去努力，去学习，打破安逸，去认真地做一件事，强迫自己做一些有难度的事儿，刚开始很难，甚至是反感，但慢慢地我们会习惯它、会离不开，此时，我们离目标就会越来越近，不知不觉中，就慢慢地超越了别人！

撑起孩子的自信心

常常在与人交流时听到、在很多媒体看到发达国家的孩子有很强的生活能力，有很强的思考能力，有很强的表现能力等等，最容易听到的是"我知道，我会"，而中国孩子大多爱说"我听话，我乖"，这到底是文化差异，还是与生俱来？本人认为这是文化差异造成的结果，这种文化差异在于从小的家庭教育方式与社会生活的影响。

敢说"我知道，我会"，是因心中有数、腹中有胆，而说"我听话，我乖"只因心中没数、或心中有数却无胆量，我们所说的胆量就是平时所说的自信心了。

然而，自信心是与生俱来的，是人人平等的，为什么会造成这种差异，原因是我们在孩子成长过程中将他们的自信心推升了、淡漠了、扼杀了，不是吗？

一、孩子个个是天才

三岁之前的孩子，如果以"六拱一"的方式带他成长，很多东西你不用教他，他看几次就会了；伙伴在一起，不认识的也会在短时间内玩成好朋友；在大人面前，敢大声说话大声唱歌、敢手舞足蹈，可谓是肆无忌惮，才情尽露。然而，当你因各种原因将孩子关在家里后，在家表现也许还会不错，但一出门就会变成孤家寡人，表现欲将严重受阻，因为害怕也是人之本性。此时，如果你还不及时正确引导，那将错过最佳的自信心培养时期。因为四岁之前是小孩情商培养的最佳时期。

邻居的孩子比朋友陈先生的孩子小十个多月，有一次陈先生对邻居说，"你家的小孩平时在家表现很出色，但带她出去后却很胆怯，与小陈比有很大的差别。"邻居知道小陈因为长期有父母带着她在外玩耍，而邻居夫妇因长期工作压力大工作忙，几乎没时间将孩子放飞。因此邻居决定花些时间来解决好孩子的现状，从此，在公共场合邻居母女的身影日渐增多。在广场里人多的时候，邻居从带着小孩跑步开始，然后一起做体操、跳舞，直到后面跟来一个又一个的效仿者，感觉小孩的胆量大了些时，邻居渐渐在站到旁边观看，逐渐让孩子变成主角，后来又与她边跳边唱，花了大约一个月的时间，孩子终于能与"粉丝"们打成一片，再后来敢参与各种比赛。

二、胆怯的孩子只因内心有个结

家长不恰当地批评和指责造成孩子怀疑自己的能力而变得胆怯。对孩子一些生理上的毛病或不良行为习惯，家长采取了责备或取笑的方法，也会挫伤其自尊心，他们也会形成胆怯心理。心理学研究表明，孩子从出生 8 个月到 3 岁之间，是实现自主性的关键时期。这个时期的孩子学会了走路、说话，表现出心理的能动性，如爱提问、爱模仿、爱做游戏，并产生了最初的自我意识。在行为特点上，喜欢争着去做自己的事情，而且要按自己的想法去做，表现得顽皮、不听话，这是自主性发展的表现，也是儿童心理发展过程中的"第一个反抗期"。如果家长未认识到这一特点，生怕孩子做不好，事事代劳，结果就会压抑孩子自主性的发展，使他怀疑自己的能力，从而也形成胆怯心理。

小何毕业于某师大中文专业，在省级与国家级的刊物上发表的文章不计其数。然而，作为教师的他不敢上课堂，与人交流迸不出几个字，长期躲进小楼成一统，工作调来调去，最后只能在一个学校当印刷工人。偶然的交流中才小心地问出原因，可谓是在"虐待"中一路走来。父母早年离异，母亲强悍且不管孩子，半句话不是便破口大骂，读小学时连背个课文稍有停顿便骂个半天，"你看看谁谁谁，比你强多了，你是结巴还是蠢货！"时间久了，连邻居都叫他"二愣子"。一壶煮开的饺子从此不愿也不敢在任何人面前倒出，至今，他似乎已在无奈中习惯这种状态。这是一种悲哀，一个人未来得及走上舞台，就凋零在最亲近人的责难与高压中。

三、爱有多深自信心就有多足

"世上没有被爱坏的孩子，对于爱，孩子永远不会嫌多。"回想童年，这是《龙的传人》和《酒干倘卖无》的作者、音乐人侯德健最大的感慨。央视 2007《星光大道》年度总决赛赛毕，盲人选于杨光以《你是我的眼》赢得年度总冠军。杨光最想感谢的就是母亲。母爱是伟大的，母亲没有因为命运的不幸和生活的重担而放弃他，她毅然选择了坚持，用她那羸弱的身躯支撑起这个家，也支撑起了杨光的音乐梦想。母亲就是杨光人生路上的双眼！让一个失明的人走上瞩目的舞台，不能不说这是爱的力量所给予，不然，对于一个正常人都难得有的这份自信，在一个盲人身上会是多么的艰难。

236班小陈同学给我用爱心小纸贴写道："赖老师，谢谢您，七年级时您选择了一个似乎最不适合的人来当数学课代表，从那以后，我变得外向了，您在课堂上也时常给我机会展示自己。因为您，让我对数学的情感由感兴趣变为真正的喜欢。也是因为您，让我对地理这门学科从知之甚少到现在的基础较好。您是一位十分优秀并且待人友善、风趣幽默的老师。成为您的学生，是我的荣幸。"我认为这孩子过于夸奖了我，但他又确确实实从一个入校时家长再三交代性格内向的孩子，转变成性格开朗的孩子，他克服自己的从前，也跟我给他的信心分不开。

四、不放弃、不抛弃、不嫌弃

做一个合格的班主任，无论是面对学生个体，还是面对参差不齐的班级，需要有"不放弃、不抛弃、不嫌弃"的执念，有"桃李盛时虽寂寞，雪霜多后始青葱"的情怀。这不仅是一个老师应有的胸怀，也是老师起码的职业道德。

同事的孩子小孟是个问题学生，转战多个班已没有班主任愿意接收了，同事十分沮丧地找到我，"这孩子让我面子丢尽了，我已将他换了七个班，有的一个月不到班主任就直接要我将他转走，为人父我又不忍放弃他，现在只有您能帮我了，救救这孩子。只要他犯了错误，您随时随地可以骂他打他，我都不都怪您，支持您。"话说到了这个份上我没有理由推脱，尽管我也十分担心是否能让孩子脱胎换骨。

问题学生常常有厌学、逃学、违反校纪班规、迷恋电子游戏、打架斗殴等品德问题，或者是学习焦虑、交往困难、情绪困扰、性格缺陷、意志薄弱、耐挫能力差、早恋等心理和行为问题，这位学生也同样不例外，几乎占尽了这些"特长"。第一次见面，他一脸的桀骜不驯，我没让他进教室，而是与他独处办公室。

"我听说你体育很好，这是好事，以后到我班可以帮班级多争荣誉，还听说你办事果断（其实是性格暴躁，喜欢打架），那更是好事，你可以帮我管理班级纪律。"

渐渐地，他的脸色居然温和了许多，"老师，可我缺点真多，成绩也是垫底的，越来越不想读书。"

"没关系，先做自己能做的事情，你识字吧？"

"嘿嘿。"他狡黠地笑了，"课本上的字还是认识。"

"那好哇，能识字就能学习，坚持一点一点地学就会有成绩。"我一边鼓励他，一边给他上紧箍咒，"我保证你的成绩有很大进步，但咱们得约法三章，上课不得影响其他同学，运动会给我拿奖，早读一定要让我听到你的声音，声音必须大，能做到吧？"

他只微微点了点头，我深知一个顽劣的学生转化不可能一蹴而就，只能一步一观察，一步一纠正，一步一鼓励。

意料之外的是我真的听到他早读的声音，课堂上除了独自的浑浑噩噩，没有影响别人，意料之中的是在家依然沉迷手机，在校时趁我不在时偶尔逃学。

"你近来早读非常棒,应该记住了不少吧?生物、地理马上要会考了,要对得起你自己那一番付出哦。"

"嗯,真的好像记住了一些。"他开心地回答。

"可你还是沉迷手机,居然还逃学,从今天开始,惩罚你每天只能看半个小时手机,第二天早餐后给大家讲三到五分钟关于徐霞客的故事,他到了哪里?看到了什么?天天更新,缺一次做300个俯卧撑。"

就这样一点一点地加码、转变,他2022年会考时地理考了87分,以前可是二三十分的料啊!

239班的地理成绩到八年级上学期时已达到谷值,教务处将我"抓"去救火,只剩下一个学期,谁能保证有逆天转变呢?可任务既然来了,就没有推卸的理由,望着60多双充满渴望、充满期待的眼睛,我觉得自己无处躲藏。先给自己"打鸡血",后进行摸底测试,再一张一张试卷地详改,记录出每个同学存在的问题,在试卷上批上建议,要求每位同学"先壮骨后长肉",以一个星期一个单元的速度熟读我编写的《初中地理知识点汇编》,课堂上我将所有能用的教学方法全用上,让学生既觉得有趣,又觉得有味,既觉得容易,又觉得易记。我再三强调:"你们的地理成绩之所以差,不是因为老师无能,也不是因为你们接受能力不行,而是各自没有找到合适的方法,找到适合自己的方法,你们班的成绩会超越我的班。"之后与该班的家长逐一联系,让家长告诉孩子,"相信名师,课堂上不放过名师的每一句话,成绩一定能上去。"我告诉家长,心理暗示对培养信心是很重要的,相信老师其实是相信自己。

感谢孩子们的配合与付出，从此前的倒数第一到期中考试时考出了年级第一，中考时依然居年级第一，最高分也在这个班产生。

研究表明，智力差异主要表现在三方面：智力类型差异、智力发展水平差异、智力表现早晚的差异。中小学生存在的差异只是智力发育的早晚，为了缩短这一差异，需要的是以赏识和肯定的方式提升他们的自信心。

由此可见，高压只会让孩子反感；简单地说教却不让孩子实践生活只会让他成为"内才"；孩子的成长与爱同行。牵着孩子的手，昂首阔步向前走；放开孩子的手，让他与你并肩前行；不放弃、不抛弃、不嫌弃，老师就是学生勇敢前行的底气；让孩子独上舞台，舞台再小，精彩一样，心有多大，舞台就有多大。

最后，引用一首诗歌，来表达人们为什么存在差异，成长中存在的差异本质是时间。

每个人在自己的时区

纽约时间比加州时间早三个小时，

但加州时间并没有变慢。

有人22岁就毕业了，

但等了五年才找到好的工作！

有人25岁就当上CEO，

却在50岁去世。

也有人迟到50岁才当上CEO，

然后活到90岁。

有人依然单身，

同时也有人已婚。

奥巴马55岁就退休，

特朗普70岁才开始当总统。

世上每个人本来就有自己的发展时区。

身边有些人看似走在你前面，

也有人看似走在你后面。

但其实每个人在自己的时区有自己的步程。

不用嫉妒或嘲笑他们。

他们都在自己的时区里，你也是！

生命就是等待正确的行动时机。

所以，放轻松。

你没有落后。

你没有领先。

在命运为你安排的属于自己的时区里，一切都准时。

"责任田"里的能手

——天生我材必有用

魏书生的《班级管理科学化》和《班级管理民主化》讲到班级管理应从细节抓起,让学生人人有事做,事事有人做,让每个学生都以主人翁的意识融入班集体中,每个人都尽到自己应尽的义务。

为培养学生自信、自立、自强、自律的精神,促进学生主体性发展,让学生们时刻认识到自己是生活的主人,是学习的主人,可以采取人人有事做,事事有人做的方法,让学生参与到学校和班级的日常管理中,让学生在实践中进行锻炼,提高组织管理能力、自主学习能力、动手操作能力、社会适应能力。

该班共有52名学生,班级设立了46个职务,另外6个为常务班干部,班上的每一位学生都有"职务",这些职务的任命不能单纯地看作是"班干部",准确的说法是"班级小义工"。

班级的所有角落都"承包"出去了,事无巨细,从墙到地,从黑板到教具,从饮水机到书柜,所见之处,皆为"责任田"。担任"课前准备"岗位的学生走上讲台擦黑板并负责电脑屏幕开关,课上还有监督、记录上课顶撞老师、搅乱教学者和自习课随便占座者,抄写"每日格言",主办"班级日报",教唱"每周一歌"等。固定承包的有：收发各学科每日作业、检查学生日记、监督老师"发火"。课下则有按时开关灯，领取、看护粉笔等管理职务，这样的分工不仅提高了学生的服务意识，都有机会行使主人的权利，都能体验到自己的价值，也为他们在学习过程中增添了不少自信。

对"责任田"的耕作，拟订评价方案，通过学生的自评、学生间的互评、班主任的客观评价，激发学生参与班级自主管理的积极性。可通过树立典型办法。对在班级自主管理中涌现出的好人好事，班主任及时发现并运用有效手段加以总结、推广，带动大家共同进步。实行定期轮岗，通过一段时间的岗位运行，根据学生在不同岗位的工作表现，及时调整岗位分工，最大限度地发挥全班同学的管理才能。

天生我才，人人能事，需要鼓励、启发与规章。承包"责任田"需要因人而异、因人制宜、因人而岗，教师充分相信学生，尊重学生在活动中参与，引导协助，绝不包办代替；学生为班级管理的主人，通过自主性组织、自主性管理、自主性评价，正确认识自我，发挥聪明才智，开发智慧潜能；学生在实践中进行锻炼，提高组织管理能力、自主学习能力、动手操作能力、社会适应能力。

"责任田"的耕作是每一位同学的责任心与能力的体现，除了班主任观察定岗，更需要大家民主参与、民主监督。

一、学生自主选举班级管理团队

1. 民主选举班干部

学生通过自我推荐、演讲、师生共同投票等方式选举出大家信任的班级管理团队，这个团队的成员轮流值周，管理班级事务。班干部负责全班学生一周的教育管理和纪律秩序等事务，记录各项检查结果，处理本周内学生在校学习生活中的各种偶发事件，指导班干部公平公正、认真完成班级各项工作。

2. 小组自主建设

班级管理团队成员，分别担任各个小组的小组长，进行小组自主建设，小组长根据每个成员的实际情况进行分工。

3. 自主管理

每位小组长当值周小班主任时，他所在小组的每位成员在本周内轮流做值日班长。值周班长负责写好班级日志。本组的学习小组长、卫生小组长等在本周内组织各小组分管本块工作的组长做好此项班级工作，锻炼每位学生的管理能力。

4. 成立班级小法庭，调解同学之间的纠纷

二、 学生自主开展班级活动， 自我锻炼成长

1. 自主召开主题班会

班会由学生组织，老师参与。只要学生能做的，教师一律放手。

2. 自主开展各种课外活动

自主设计各种课外活动，拿出活动方案，师生共同研讨，然后付诸行动。

三、 我的班级我管理

在班里实施"责任田计划"，实行岗位责任自主承包制，把

班级内每一项具体事务都细化成小岗位分配给各小组，由小组长根据组员特点和愿望安排工作岗位。每个岗位都具体到人，墙壁、玻璃、门窗、作业、板报、两操等都承包到人，使每一个学生既是管理者，又是被管理者。实现"人人有事做，事事有人做"，让每个学生都在班级里找到适合自己的管理岗位。

四、自主设立评价机制

1. 本着活动有评价的原则，实行周评、月评、班评、校评制

2. 每周评出最佳"值日班长"

每月评出"优秀小班主任"，以及"进步之星"等。鼓励先进者，关注潜能生，让他们结对协同发展。

3. 对评选出的各类先进者给以表彰宣传

通过班级群、家校联系本、电话等方式加以褒奖。并向家长发送喜报，利用家长会等机会大力宣传。张贴受表彰同学的彩色照片，制作个人自创格言进行展览。

人人有事做，人人有成就，放大学生的优点，用一颗平等、尊重、欣赏与接纳的心和学生沟通，培养学生天生我材必有用的信心，"责任田"是学生应有的财富。

班主任的假期作业

假期是同学们休息、总结、实践体验的机会,同时也是老师对工作进行反思,对知识容量进行扩充的机会,更是班主任深入与学生和家长沟通、密切师生关系、加强家校联系的机会。

作为一名既是科任老师,又是班主任的老师,心中常怀"既为师,当尽师道",假期里便有足够的事情来充实、弥补以往的不足。

一、 做好家访,共促家校互补发展

"人的能力强是工作多逼出来的,铁肩膀是担子重压出来的",魏书生认为人的能力是自己逼出来的。平时上学时间,一个有责任心的老师,特别是一个有担当的班主任,工作是非常紧张的,难得有机会尽心地接触家长,接触社会。充分利用假期时间,做足家访工作,是提高教师职业道德修养,端正教师对践行师德与履行教育职责的正确认识,搭建教师了解学生、关爱学生、与家长沟通的桥梁,建立新型师生关系,促进学校携手育人的手段。同时,通过家访增进学校与家庭、学校与社会、老师与家长、老师与学生之间的理解,增强育人意识、责任意识,共促家校互补发展。

做家访不是偶遇的聊天，而是一场带着爱心出发的沟通。首先要与自己沟通，问问自己，对要家访的学生了解多少，他有哪些闪光点，有哪些需要和家长沟通共同解决的成长中的烦恼和问题。其次要与家长沟通，问问家长有没有时间，对学校有哪些具体要求，希望教师什么情况下家访。再就是与学生沟通，问问学生对老师和家长有什么正当要求，希望教师在家访中帮助他解决与家长之间的什么问题？

本人每个寒暑假期都有做家访，并将家访记录装订成册，以备各时段比照。这个暑假对47名学生进行了家访，发现无论是优秀生还是后进生，因家校教育的偏差都存在或多或少的问题。有位同学在本学期中总是注意力不集中，成绩下滑严重，与以前比判若两人，这个假期里先与家长沟通约定家访时间，然后冒着39℃的高温赶到他们家。在与家长聊天过程中，得知家长为了让孩子集中精力学习，让孩子放弃了音乐爱好，因此，孩子一直耿耿于怀。鉴于这种情况，先梳理了家长的观念，让他认识到兴趣的重要性与专业的前途，然后与学生沟通，压缩兴趣时间，提高练习质量，定时持恒学习。三方沟通完后，大家都看到了希望，家长与孩子心里的石头总算落地了，这次家访取得了圆满成功。

二、批改暑假作业，汇总问题查漏补缺

暑假的时间比较长，这段时间学生不上课，所学的知识不进行巩固，就会遗忘，所以才有暑假作业。以往学生所做的暑假作业是否达标，老师都不会认真查阅，更鲜有批改，因此导致学生的作业质量不高。

而对于教师来说,通过批改作业掌握每个学生的学习状态,可以有针对性地解析重点与共性问题等,同时也为教学改革提供依据。

暑假作业数量多,一本大约有50页题量,老师完全可以不批改,但作为八年级的老师,为了让学生更进一步了解自己的不足,便要求学生在某个时段必须将作业完成,完成后约定一个时间放到学校传达室。收取之后本人做到全批全改,发现有的同学马虎了事,只图完成任务;有的字迹比上学时还丑;有的难题不做等等,于是将主要问题汇总,强调做作业的态度,书写的重要性,知识点的归纳,并在微信群内进行讲解,取得了很好的效果。

如在检查中发现许多同学在做二次根式的除法时存在问题,于是将三大法则列出来,

(1) $\dfrac{\sqrt{a}}{\sqrt{b}} = \sqrt{\dfrac{a}{b}}$ ($a \geq 0$, $b > 0$);

(2) $\sqrt{a} \div \sqrt{b} = \sqrt{a \div b}$ ($a \geq 0$, $b > 0$);

(3) 分母有理化:化去分母中的根号叫作分母有理化;具体方法是:分式的分子与分母同乘分母的有理化因式,使分母变为整式。

让学生牢记并要求灵活运用,绝大多数学生认为这次暑假作业的意义难以忘怀。

三、 自我有效充电, 不断提升专业水平

教育工作是一份具有很强超前性和规范性的职业,教师职业

要求教师比受教育者具有更高的素养，更渊博的学识。《国家中长期教育改革与发展规划纲要》对教师提出了较高的要求："严格教师资质，提升教师素质，努力造就一支师德高尚、业务精湛、结构合理、充满活力的高素质专业化教师队伍。"要做到这一点，"自育"应成为教师的首要功课。

1. 阅读书籍

教师的专业成长需要理论的提高，没有理论支撑的实践是盲目的实践。因此，教师可以根据自身的需要，选学一些教育理论经典书籍，特别需要经常读一些大师作品，通过读书加深自身底蕴，提高自身学养，让自己浸润在文化的滋养里。假期内详读了李镇西的《爱心与教育》，在《爱心与教育》中，有一部分关于"后进生"的内容。李镇西老师非常注重施与爱的公平性，他会努力让自己班级的每一位学生都感受到老师的爱，即便是后进生也不例外。而且，在对于后进生的分析中，他提到了家庭方面的原因，这一点，给我的启示特别大。

2. 远程培训

教师培训是促使教师专业快速成长的有力措施，要想使培训有力、有效，最重要的是让培训贴近教师的工作实践，让培训能真正满足教师的有效需求。这样才能有效地调动教师接受培训的积极性和主动性，提高教师的学习兴趣。

从王福强老师"教师如何经营高效课堂"的讲座中我深刻认识到一个教师需要有经营观念才能体会到幸福感、事业感、成就感。用什么样的方式方法才能让学生沉浸于课堂？在王老师的启迪下，我总结出经营一堂高效课堂需要具备三要素。

一是教师必须有饱满的激情，把自己当作一位摇滚歌手，学生是自己的粉丝，为了赢得粉丝的喝彩，歌手必须用情演绎，迎接一批又一批的粉丝；二是把自己当成公正不阿的法官，无论是学生的课堂纪律、学习积极性、作业完成度，还是集体观念，在把学生分组后进行公平公正的奖惩，奖惩内容可以是座位的选择、积分的加减、红旗的争夺、纪律轮值，等等；三是当一个铁面教官，面对恶习难改的学生，教官在处理问题时要说到做到，让学生知道这个教官是有耐心和他们缠到底的，从而不能再犯。以此三种创新身份融入课堂，达到高效与和谐的目的就不难了。

四、参与社会实践，与学生共同扩大视野

社会实践活动很受学生的喜爱，它补充了课堂教学的不足，为学生打开了一扇接触社会、了解社会的窗口；有利于培养学习意识，增强社会责任感；有利于提高我们的实践精神和动手能力；有助于我们积极开展理论学习、实践学习、社会学习，养成良好的学习习惯，提高观察能力、分析能力、决策能力等水平。给每天被各学科压得喘不过气来的学生带来一抹亮色。

1. 社会服务

班级组织学生去特殊学校，让学生与自闭症、身体有缺陷的孩子进行沟通、互动。通过实践活动，使学生懂得健康的重要，坚韧的作用和自强不息的意义，培养了学生的服务意识、奉献意识和敬畏生命的精神，做到了理论联系实际，把课堂内外、学校内外的知识有机结合，增强了社会责任感。

2. 参观学习

每年组织一次参观科技或制造型企业，去得较多的是世界五

百强的"三一重工"工厂，学生们参观了工作人员制造工程机械的各种程序，并采访了工作人员"工作时间量""制作难度"等问题。这一实践活动，激发了学生学习科学、钻研技术的兴趣和动脑、动手的能力，使学生也体验到了工作人员的辛苦，培养了他们艰苦朴素、勤俭节约、遵守纪律、认真负责、团结协作、关心集体、珍惜劳动成果的优良品质，也激励了他们立志用自己的双手去建设美好的家乡和美好的未来。

3. 调查考察

班主任先选择一些符合又值得学生调查的社会问题，然后将问题分给各组，让学生通过观察、咨询、思考的方式提出对问题的看法。在调查的过程中，学生克服了与别人沟通的胆怯心态，并懂得了如何与别人沟通。学生们还能够运用多种形式反映调查结果，使学生具备一定的整理信息的能力，也初步培养了学生的观察能力和解决问题的能力。学生通过课外社会实践活动，扩大了社会接触面，拓宽了社会知识面，打破了从校门到家门的封闭式生活，增强了社会适应性，同时也能把从中受到的良好教育和品质融入学习中去。

假期，老师可做的事很多，重要的是要有"既为师，当尽师道，既相遇，当筑前程"的情怀。

特殊的礼物

"白云奉献给草场，江河奉献给海洋，我拿什么奉献给你，我的朋友。我拿什么奉献给你，我不停地问，我不停地找，不停地想。"

我是一名老师，我将心愿化作云朵，飘荡在孩子们的天空，在孩子们干渴的时候降雨，在他们燥热的时候为他们遮阳，在他们离开的时候，我便随风飘散，去寻找下一批需要云朵的孩子。

学生优秀，或有进步有突破，老师应该奖励。我将奖励当作礼物，让他们开心、满足、铭记。送学生礼物的目的在于肯定他的当下，激励他的未来，成为他求索路上的精神支柱。缺少了，就成了没有浪花、不可奔腾的静水，疲态、呆板，没有活力。

奖励的目的在于让学生自觉地去维护班级的整体和谐，去增进班级的集体荣誉感，去打造更好的班级学习氛围，帮助他们完成良好行为的转化，最终目的是让学生各方面都变得更好，一直到不需要奖励。"奖"是让学生意识到这件事情做得对，才会对学生未来的学习习惯产生深远的、持久的效果。班级管理中的奖罚制度的作用就在于树立学习榜样，引导学生向榜样学习，缩小与班级优秀学生的差距，提升班级的整体实力和整体学习氛围。

老师什么时候拿什么样的礼物奖励学生，这是老师应预先考量的。

孩子往往根据短期的可预见结果来调整自己的行为。在培养学生养成一个新的习惯时，有必要在学生每次表现好时给予奖励。一旦他们养成了这个习惯，就可以变每次奖励为偶尔奖励，以鼓励他们把好习惯保持下去。

奖励需要及时。及时奖励又被称为见效激励，最大的特点就是及时奖励该奖之事、应奖之人，凸显奖励的灵活性、高效率。用好及时奖励政策，树立正确鲜明的导向，能使人们迅速产生积极的心理反应，对自己获奖行为记忆深刻。在这种奖励的多次重复后能产生积极的动力定型，使这种良好的行为习惯化，并使之发扬光大，及时奖励的激励作用比一段时间后奖励或者期末再做奖励更具有时效性和导向性。

奖励规则要简单明了。设奖的规划就是学生追求的目标，目标需清晰明确，大致为遵守《中小学生守则》《中小学生日常行为规范》、学业、比赛、责任感强、其他表现优秀或有较大进步，这样有利于所有同学有机会、有向往，只要努力、认真就能达到。

奖励要有意义。学生喜欢的就会努力去争取得到，很多时候，奖励的价值不一定有多大，但一定要让学生有获得感、荣誉感、自豪感。如选择自己喜欢的座位，奖励的结果告诉家长或发到群里，得到一本老师写了鼓励话语的书，免除一次值日，积分兑考试成绩，等等。只要孩子有愿望，老师就可以设为奖项，这对孩子来说是最有意义的奖励。

学业方面，无论是成绩优异还是有较大进步，同学们最喜欢的奖励是老师将他们的奖状拍照发到班级群里，主要是让家长看到，他们觉得这种方式是给父母最大的安慰。

成绩欠缺的同学愿意将每次的奖励兑换成积分，当积分达到一定数量，老师会将积分给他们转换成相应的成绩，这样他们凭自己的付出得到了成绩，得到了综合评价的提升，对于他们来说是件非常开心的事。

喜欢阅读的学生希望得到书籍，我每个学期都要买近百本书，在学生该得奖时，在学生生日时，我都会根据学生的具体情况写上祝福与鼓励，就如期末写评语，学生觉得这样很有纪念意义。每到毕业季，我会精心自费挑选一份可以保存、值得保存的纪念品，如漂亮的茶杯，每个杯子上留下激励的句子，记下当时的日期，告诉他们当他们看到这个茶杯的时候，当饮水思源，水是他今天的学业、明天的荣耀和丰功伟绩，源是那竭尽全力为他付出的父母亲人，是教育过他的所有学校师长，是看不见摸不着却又时时关心他、关注他的社会，任何时候都记得木本水源，成为对国家有用的人。

奖励的方式要多，选择书店或体育用品店的礼券、电影票或体育比赛门票、图书、订阅杂志、计步器、体育用品（网球拍、棒球手套、足球、篮球）等。在奖励孩子的时候，除了适当的物质奖励外，老师也可以结合精神奖励，共同作用，才能形成奖励的最大化。对于初中生，还可以选择跟朋友同桌听音乐、观看有趣的电影、下课前5分钟自由讨论、减少作业量等方式。运用"优秀学生干部""标兵生""三好生""进步生"等荣誉称号和"明星榜""特长园地"等阵地，树立学生"校荣班荣我荣，我耻班耻校耻"信念,以此激励学生注意自己的言行,促进学生品学兼优。

我给学生最特殊的礼物是中考前的拥抱。无论是八年级的生物、地理会考,还是九年级的中考,我先汇总学生们的奋斗宣言,精简为班级宣言,然后气势磅礴地呼号三遍,喊出他们的斗志,托起他们的底气,最后给每个同学一个满怀的拥抱,给每一个同学说一句鼓励的话。至今,许多毕业了的学生回来讲起这个场景,依然热血沸腾,热泪盈眶。

教与学

师者,需以才为处事之道。

有情感的教学

教学是一种召唤：唤醒无知、吸引好奇、荡涤心灵。作为一名教师，怎样才能使这种召唤达到良好的效果呢？著名教育家夏丏尊说过一句话："没有情感，没有爱，就没有教育。"是的，有了情感再去做工作，常常能达到事半功倍的效果。教育工作也一样，教师的工作核心在于课堂教学，课堂教学的理想境界应当是教师激情洋溢，学生精神抖擞；教师声情牵引，学生恍然大悟。

如何才能达到这种高效境界呢？从我20多年工作经验中总结，要达到这种高效的境界，应有自己独到的利器。

一、 学问虽严肃，"放手"是真谛

走进教室，我们常常见到几乎同样的镜头：上课伊始，教室里鸦雀无声，教师威严地站在讲台中央，环视教室一周，然后一本正经地说："坐好，坐好，上课啦。"顿时，孩子们像得到了一个指令，于是整个教室里的学生个个腰板笔直，正襟危坐。孩子们就在这样严格的课堂纪律约束之下，欲动不敢，躯体被禁锢了，欲言不能，思维也被禁锢了。一节课下来可谓是身心劳累。难道我们课堂的乐趣就是比谁坐得最端正、谁最守纪律吗？我认为我们的课堂氛围应该少一些刻板，多一些自由，让孩子的心灵在放飞中享受。

课堂的严肃缘于老师的不放心，生怕学生思想开小差，错过关键内容的讲解，导致知识点掌握不了。其实，学生远比我们想象的"成熟"，他们有自己独特的思维方式，有一定的知识基础。我教地理，上课习惯先让学生自学，了解相关概念、知识点；通过读图，掌握地理名称、认识区域；开展小组讨论、探究等形式突破重难点，把课堂交给学生，老师只需适当点拨、引导，学生自由了，课堂自然轻松了，这样，老师的爱不是负担，而是方向指引了。

二、 传统虽严谨， 出奇更制胜

在传统教育中，教学内容是文本的，教科书、练习簿是课程内容的载体。而现在，随着我们基础教育改革的不断深化，课堂教学模式越来越受人们的关注。特别是当今经济走向全球化，国力竞争更加激烈，科学技术迅速发展，信息技术走向普及。世界各国人民都把培养人才、发展教育作为增强国力的根本手段。因此，传统的课堂教学模式已跟不上时代前进的步伐，我们需要有更适用、更有效的方法来跟进与改良教学模式。

无论是教什么样的学科，教学模式是大同小异的，存在的差异仅仅是方式方法。现在的孩子由于接受新生事物的渠道多又广，所以他们在课堂上也急需多样化的教学。如在地理课堂上可以充分利用多媒体教学，利用计算机辅助教学，这样不仅能够增大课堂教学的容量，也能有效地突破重点、难点，同时充分调动学生的主体性，实施个性化教育，真正实现地理教学的优质高效。除此以外，老师在适当的时候可以采取做游戏的方式来加深孩子印象。如在学习《河流和湖泊——黄河》时，可以让孩子们排成一个类似黄河的"几"字形，每个学生各代表一个重要地理位置，老师在这样一个"几"字旁"添砖加瓦"，这样大大增强了孩子们的学习兴趣，加深了孩子们的记忆，知识点的巩固会水到渠成。

三、责任虽沉重，激情产高效

教书育人是一种责任，如火车的火车头，它将整辆列车带往远方。而火车是否能跑得欢畅，核心在于动力。精彩的课堂也需要动力，课堂的动力就是激情。苏霍姆林斯基说："有激情的课堂教学，能够使学生带着一种高涨的情绪在学习中感受到自己的智慧和力量，体验到创造的欢乐，为人的智慧和意志的伟大而感到骄傲。"激情在心理学里是一种爆发快、强烈而兴奋的情绪。激情是积极的、向上的，教师应永远保持激情，并在激情驱动下，运用多种方法和手段，美化课程，优化教学，使每一堂课都精彩纷呈，激发学生强烈的学习兴趣。在这样的教学氛围里，课堂上高潮迭起，教学内容变得充实有趣。学生在这样的环境中学习会始终集中注意力，以满足自己强烈的求知欲。

当老师胸怀激情时，所有的科目都会变得光芒四射。语文是门艺术，就不必说了；数理化的精妙与宏大也不必说了；历史如故事更不必说了。地理是门综合性很强的学科，涉及人们喜爱的古今中外、五湖四海和风景文化等。这些足可以让老师有激情来开坛论道，课堂上语言会表现得抑扬顿挫，肢体语言也变得优美如画，这将熏陶所有的人，让孩子们也热血沸腾。爱能感染人，有爱就有激情，有了激情就容易接受。不要吝啬对孩子的鼓励与赏识，他们的答案也许各有不同，但这是思考的结果，他们能有思考的激情，课堂的效果也就有了质的飞跃，这样的课堂既有效地培养了孩子们的智商，也培养了孩子们的情商。

  教无定法，教必有方，贵在得法。在教学过程当中，传授知识不仅是灌输给学生知识点，更重要的是让学生会学、会用知识。不管是启发式、多媒体或者小组讨论式，适合教材又适合学生接受的方法才是最好的。让学生在轻松愉快中增长知识、创新思维、提高兴趣和富有激情，让学生成为主角，这样的课堂将会变得更加有效、更加高效。

班主任的执行力

某企业总裁曾指出"多数国人做事不到位"。"不到位"就是每个人那么一点点的差距,造成相互间有落差。

"不到位"其实是浮躁的表现,就是执行力不强的表现。媒体经常有关于教师的负面报道,归根结底是有一部分教师在工作中存在或多或少的浮躁,对手头上的事情执行不力造成。

浮躁有几种主要表现,如骄傲自满,认为全校老师唯自己最行,看不起同事,瞧不起家长,教学业绩上不去都是学生的原因。经常抱怨,面对问题矛盾,一味地抱怨领导的安排,搭班的老师不给力,学生的学习习惯不好,家长对班级工作不配合,等等,一天到晚负能量不断。教育原本都是由小事、细节组成的,有的老师只喜欢画大圈,对学生的作业批改、背诵、书写等不放在心上,必要时应付了事,致使学生惰性积累,好习惯难养成。沟通缺乏,无论结果好与坏,既不主动向上级反馈,也不给家长一个交代,完成了任务就是工作圆满。急功近利只愿做表面文章,如参加活动时服装是不是统一,化妆是不是漂亮,因为这些事只需要家长来完成,完成之后功劳是自己的。这些说明这样的老师完成事情的执行力差,因此得不到理想的结果,对学校、学生、家长给不了满意的答卷。

班级带得好不好，重在班主任的执行力是否够强大。执行力是接受任务不含糊，执行任务不打折扣，遇到困难尽全力，细节问题一丝不苟，完成任务力求圆满。

正如大家熟悉的真实故事《飞夺泸定桥》，面对一百二十公里的急行军，面对国民党军队的围追堵截，面对只有二十四小时的时间限制，红四团在接受上级的命令时毫不含糊，斩钉截铁地回答"保证完成任务"！翻山越岭，冒雨前行，饥饿疲劳，战士们争分夺秒；桥面离水十多米高，面板已被销毁，上有枪炮封锁，下有惊涛拍岸，战士们除了武器，每人带一块木板，一边前进一边铺桥；敌人在桥头放火，战士们就抽出马刀，与敌人展开白刃战，最终夺回了生死攸关的泸定桥。这是执行力的体现，也是对完美完成任务最好的诠释。

什么是班主任执行力？指的是贯彻学校意图或计划，完成预定目标的操作能力。包含完成任务的意愿，完成任务的能力，完成任务的程度。执行力对个人而言就是办事能力，对班级而言就是综合教育教学。而衡量执行力的标准，对个人而言是按时、按质、按量完成自己的工作任务；对班级而言就是在预定的时间内完成班级、学校的预定目标。

班主任在学校里是一个极其重要的枢纽岗位，承接学校部署的工作，即对上负责的执行力；领导和管理班级工作，落实每一项学校要求的任务，即对下管理的执行力；衔接家校的主要渠道，协调科任老师的纽带，即与同级沟通的执行力。因此，工作任务注重要求班主任有很高的管理效率、工作效率，效率就是执行力，具备了才能将工作做出事半功倍的效果。

接受任务不含糊，是对自己工作能力自信的表现。阿里巴巴集团的彭蕾说过："无论马云的决定是什么，我的任务只有一个——帮助这个决定成为最正确的决定。"接受任务，有条件要完成，没有条件创造条件也要完成，这就是执行力。在学校，一个班主任无论接到的是一个什么样的班，或是临危受命，一个有执行力的班主任是不会与领导讨价还价的，只会爽快地接受任务。"没有任何借口"是西点军校奉行的最重要的行为准则，它强调的是每一个学员要千方百计地完成任何任务，而不要为任何的失败、失误，甚至没有完成去找借口。目的是让学员学会适应压力，培养他们不达目的不罢休的毅力。学校下达的任务，几乎没有完不成的，所有任务只关乎教育教学，主体目标是学生，所以班主任在接受任务时没理由推诿、减质减量，甚至拒绝。

执行任务不打折扣，就是执行力上不丢三落四。班主任在学校布置工作任务时，或在常规工作会议中，需认真做好笔记，接受多项任务时，应分清轻重、理清先后、计划好如何解决。执行，永远不要有"差不多""还可以""将就点"的想法，更不能有"过关"的心态。执行只有"做了"或"做好了"，有执行力的班主任只会选择"做好了"。在"做好了"的过程中一定离不开团队合作，没有良好的"配合"，机器就安装、运转不好。学生的综合学业水平是由所有任课老师共同付出实现的，园丁勤劳又配合得好能得一园鲜花，反之得草。执行任务时总会遇到一些困难，有的老师有畏难思想，而畏难不是能力问题，只是态度问题。胆怯、畏难、犹豫，这都是消极的情绪，直接反映一个人对待任务的态度。没有态度，便没有力度。因此团队之间没有配合，没有克服困难的精神，执行力也就无从谈起。

学校要求八年级每个班每个星期组织完成一次地理兴趣小组活动。完成好这个任务，不仅仅是地理老师的责任，还牵涉到班主任和科任老师。开学之初，地理老师就需制订计划，计划每一个活动如何遴选主题，需要什么样的辅助材料，提出什么问题，得出什么结论，谁负责拍摄，谁制作PPT，如何和班主任选拔学生，遇到学生提出的不常见问题如何给出正确答案，等等，都需要环环相扣。活动后进行反思，为下一次活动提供更好的依据。

完成任务力求圆满，所谓圆满就是没有漏洞、不留尾巴、举一反三、一次性成功，修改完善或推倒重来等于执行力为零。教育工作是个庞大的体系，老师只能完善好每一个点的工作。班主任统筹安排好班级工作，反思学校交代的任务是不是如数如质地完成，单独到每一个任务，是完全可以做到圆满的。就如开展、参加运动会，有会前对参赛学生的精心选拔、合理训练，啦啦队的组成与任务交代，模拟比赛，安全指导，突发事件的处理，受伤时的应急处理等等，任何一个漏洞的出现都会导致任务完成得不圆满，即执行力不到位。

如何才能提高班主任的执行力？

"言必信，行必果"。班主任教育学生做人做事讲究诚信，班主任首先要信守承诺。言行一致的班主任，才能走进学生的心里，才能了解他们的真实想法，才能化解他们之间的矛盾，培养班级的凝聚力。学生慢慢长大，思想相对独立，往往不认同他人的言行，容易产生矛盾。班主任发现苗头，主动介入，化解、消除同学间的矛盾，维护良好的班集体氛围。比如班上一名优等生，比较有个性，被同学孤立，家长着急却不知道如何处理。班主任了解情况后，决定创造机会，让他们在碰撞中产生友谊的火花。班主任有意无意地安排不和睦的两人共同完成一项任务，很明显，两人都不情愿。班主任适时摆出威严，采用批评教育、激将法等"逼"着他俩联手共事，事后组织全班同学谈同学情谊。

培养良好的班风，建设团结向上的班集体，是班主任执行力的保证。人人有岗位，人人被重视，学生内心潜在的自我认同感被激活。学生因没被忽视，所以活跃，所以张扬。教师应给每位学生机会，培养其自信心，从而使其自强自尊，提升班级工作的执行力。

目标明确，知道要干什么，怎么干。诸葛亮明知周瑜给他三天时间造出十万支箭的任务是不可能完成的，但他接受了，一是说明他清晰地知道要干什么，二是说明他有能力解决问题，剩下的就是怎么干了。怎么干需要智慧，需要落实到位，他连夜备船扎稻草，趁夜色冒大雾，向曹操借箭十余万，不损一兵一卒，超额完成任务，将事情做到极致。班主任在接到学校的目标任务后，要有明确的思路，知道怎么干，有计划、有轻重、有主次地逐步分解，哪些是科任老师的责任，哪些是家长应做的事，哪些是学生在当下应完成的任务。有了这个战略规划，发展才有目的性，发展才不会受干扰或者才能排除干扰，沿着正确的方向前进。因此目标明确是非常重要的，规划得当，省时省力，班级管理成本将会大大降低，师生的关系也将会比较和谐。

班主任有了执行力，就需要持之以恒地执行下去。

持之以恒源于曾国藩《谕纪泽》："尔之短处，在言语欠纯讷，举止欠端重，看书不能深入，而作文不能峥嵘。若能从此三事上下一番苦功，进之以猛，持之以恒，不过一二年，自尔精进而不觉。"本人认为他所突出的"之"是指言语、举止、看书，持此三事而长久，必自精进。这既是态度也是精神，先有决心和态度，然后一直坚持到底就是精神。

我将持之以恒简化为持恒，是想告诉自己，作为一名教师一个班主任，持有的东西不仅仅是上三样，而是更多。因为教育的面太宽太大，从点到线到面到立体，是一个综合体系，自己站在那个位置便是学生的榜样、楷模，无论风雨无论寒暑，都不可侵蚀，不可变形。做到持恒确实很难，因为人总是有惰性的，稍不注意，惰性便会发作，使你的学习、工作不能延续、完善。所以要时刻提防惰性的入侵，否则，就会越来越懒散，以致最终放弃目标。因此，在持恒的后面应接上不懈、师范，注定不能放松，不能衰落，如塔如碑如航标灯，即使浊浪排空，除了岁月让你瘦下来，风骨和模样依然挺立。

持恒的老师会认真对待每一节课，把每一节课当作公开课；持恒的老师会认真批改每一次作业，不会为了应付检查而突击批改；持恒的老师会记住对学生的及时鼓励，而不是按部就班地根据学校的表彰而行……行百里者半九十，一位有所成就教师的成长不仅凝聚着智慧与汗水，还需要一步一个脚印，踏踏实实的恒心与毅力。

可以说，班主任责任心越强，完美完成任务的可能性就越大，学校发展的动力就越足，个人进步的空间就越大。"位高者责重，名赫者责大。"在工作中，每个班主任负责不同的班级。

但不管管理哪个班级，都要忠诚于自己的岗位，信守自己的承诺；无论干什么工作，都要牢记自己的责任，把班主任工作当成事业来做。管理过程不会一帆风顺，有责任心的班主任总会迎难而上，不达目的誓不罢休。面对困难是积极应战还是躲避推诿，直接表现了一个人对责任的态度。面对执行难度大或者执行条件差的任务，勇于担当、永不言退。

抓班风　固学风

班风，即一个班级的风气，是一个班级的精神风貌。它是经过长期细致的教育和严格的训练，在班集体中逐步形成的情绪上、言论上、行为上的共同倾向，并通过思想、言行、风格和习惯等方面表现出来，体现出班级的内在品格与外部形象，引领着班级未来发展的方向，对于班级建设具有重要的导向作用。良好的班风将为班级学生的成长、发展提供一种有效的动力和压力。使班级里具有亲切、和睦和互助的关系，勤奋进取、文明礼貌的氛围，遵守班集体行为规范和维护班集体荣誉的精神状态。

学风，一方面要是指学生的行为规范和思想道德的集体表现，是学生在学习过程中所表现出来的精神风貌，有时也特指学生的学习态度和学习风气。班风学风的建设有助于青少年的学习和思想的正确导向。另一方面是指学校的治学精神、治学态度、治学原则。

如何培养良好、积极、健康向上的班风呢？我认为班风的培养可以从以下几个方面着手：

一、确定班风的标准

班风的标准就是要在班里树立什么样的风气。通常是把这种标准用几个字加以简要明确的概括，如"求实、勤奋、团结、友爱"等。班风标准确定的过程，应是一个动员全体学生统一认识的过程。因此最好是发动师生讨论、民主确定。讨论越充分，认识越深刻，越有自觉性。

班主任是班集体中具有独立地位的领导人，班主任的一言一行都直接地作用于学生。在育人工作中，要深研班风、学风建设的重要性，还应清楚班主任在班风、学风建设中的重要程度。要想形成良好的班风、学风，班主任必须端正态度，认真对待每一名学生，注重自身素质的培养和提高，取得学生的认同，带动和影响学生，从而提高学生的各方面素质，建立积极良好的班风、学风。

二、 班主任正其身而令则行

"学校无小事，处处皆教育"。班主任是班级管理的组织者、指导者，对学生的健康成长起着至关重要的作用。事实证明，一个好班主任就是一个好班级，班主任就是班级的缩影，班主任的言传身教对学生的成长产生着潜移默化的积极影响和教育作用。孔子曰："其身正，不令而行；其身不正，虽令不从。"这句话充分肯定了教师身教的重要性。班主任要教育好学生，使学生有良好的学习态度和目标，建设一个良好的班风、学风，就应当时刻注意自身，无论是言行举止，还是为人处世，都应当符合一名人民教师的身份，不夸张、不过分，谈吐文雅，举止大方，以自己为榜样，感染学生、熏陶学生，成为学生崇拜的榜样与行为典范。

在班主任工作中，无论是教室卫生，还是学校活动，或是体育锻炼，班主任偶尔做到身体力行、身先士卒，势必会起到带头作用，而学生也确实受到了影响。

三、 打造精良的班干部队伍

俗话说："兵熊熊一个，将熊熊一窝。"因此，全面提高班委会素质是班风建设的关键。要建设一个成功的班集体，形成良好的班风学风，除了要有一名优秀的班主任外，还必须有一支能干的班干部队伍。他们工作能力的高低，工作方法的对错，在同学中的威信，往往能够决定一个班级的精神风貌与风采。因此选择和培养班干部队伍，对班风、学风的建设起到不可或缺的作用。

1. 精挑细选与民主选举并行

要想组建一支素质较高的班干部队伍，班主任不能盲目地去任命班干部。刚入学时只能参照学生原来的"学生评价手册"临时安排，而后一个月内通过观察，对全部学生有个大致的了解后再选举。清楚哪个同学成绩优异，哪个同学组织能力强，哪个同学做事麻利，哪个同学综合素养高，哪个同学做事细心，等等，以此作为依据来选定。一段时间后，经过班主任老师的认真观察，慎重挑选人选，通过全班同学对班干部进行评价，采取民主选举的方式重新更换更合适的同学来担任班干部。确定班干部后，班主任要不断地指导班干部如何工作，提升他们的工作能力。

2. 树立班干部的威信

班干部的威信从何来？班干部的威信除了靠班主任来树立之外，还要靠班主任对班干部进行素质的培养。班干部队伍组建以后，班主任应培养他们独立处理班级事务的能力，除重大事情外，尽量做到少插手少干预，尽量放手。培养过程注重以下四项：一是要求班干部严格要求自己，无论是学习还是生活要以身作则，团结同学，杜绝公报私仇，做到其身正，令则行。二是坚持原则，学校与班级的规章制度就是原则与底线，人人必须遵守，有人违反，只要班干部坚持原则，是正确的，班主任就要给予支持，以提高他们的威信，调动他们工作的主动性和能动性。三是班干部要正确地评价自己与同学。班干部是否能正确评价自己与同学，会直接影响班干部的威信，如果有一次做出了不恰当的评价，威信就会大打折扣，甚至丧失威信。金无足赤，人无完人，班干部在工作中一定要认真总结自己与他人的差距，学习他人的优点，克服自己的缺点，虚心听取老师和同学的意见，才能使自己获得真正的属于自己的威信。四是尽量创造条件，班主任要让班干部独立开展他们的本职工作，多数情况下班主任对班干部在开展工作时，尽量做到少插手、少干预，甚至要创造条件让他们多参与班级管理，放手让他们独立完成工作。五是要提高班干部的工作效率，班主任应经常教给他们工作方法，传授经验，帮助他们克服缺点，发扬优点，不断提高自身素质。六是班长是主干力量，群龙之首，班主任应重点培养。鼓励班干部精诚团结，让班干部为整个班集体领航。

四、 制定目标丰富的活动

良好的班风、学风建设，班主任自身素质和班干部选择虽然都很重要，但这只是班风、学风建设的重要组成部分，而班集体的思想和意志才是班风、学风建设的根本目标，它为班风、学风的建设起到支配性的作用。因此，班主任应当根据班级的实际情况，班集体成员的共同期望，制定出切实可行的班级的奋斗目标，并为实现共同的目标而组织各项丰富的活动。

1. 营造环境熏陶学生

教室是学生获取知识的场所，是开展班级活动，体现班级思想的主阵地。它包括学生的自身因素和外部影响两种，自身因素指班集体成员自身的精神风貌，学习的氛围，积极向上的态度。而外部影响指的是教室的环境，如布置严整、舒适，物品摆放整齐，教室墙面、地面、门窗干净，这些都使学生感到心情舒畅、欢快；利用机会成立各种兴趣小组，开展各类竞赛，让学生始终处于良好的氛围中，使之受到良好的环境熏陶。

2. 量身定制目标，用目标激励学生

目标是班级和谐发展的动力，有了目标学生就有了行动的指南。因此，班主任要对全班制定短期的、长期的目标；根据每个同学的特色制定小目标和大目标。目标制定要具体明确，高低适宜，既从大处着眼，又从小处着手，分层次、分阶段，把远、中、近结合起来，指导各个层次的学生制定符合自己的发展目标，鼓励学生朝着远大目标前进。目标要富有吸引力，能代表班集体利益和学生的愿望，引发学生兴趣，让学生乐于接受，只要稍加努力便可达到，哪怕进步一点点都行。

五、严中突出爱，以爱揽人

有教育学家曾说过："爱是无声的语言，也是最有效的催化剂。"教师对学生的爱，胜过千次万次的说教。师爱博大，却须有耐心，特别是对后进生的教育。因为后进生意志薄弱，自控力差，往往是今天好了，明天又差了，反反复复，这就需要班主任做耐心细致的工作。当然，这里所指的耐心教育并不是消极等待，而是要做有心人，为后进生的转化积极创造条件。

班上有一个学生，他性格孤僻，为做好他的工作我花了大量的时间精力，我跟自己说要做好长期"斗争"的打算，一次一次地观察，一次一次地鼓励，一次一次地与家长联系，终于他跟我走近了，他向我保证会考一定通过，后来的事实也确实如此。我知道这对他来说是很不容易的，为了会考通过，他有近两个月的时间是每天中午准时到我办公室来学习，而且他很乐意来。

对于那些由于经常受批评而造成自卑、胆怯、缺乏自尊心的后进生，老师除了要有耐心外，还应"长其善，救其失，扬其长，促其变"。要善于寻找他们的"闪光点"，适时地给予各种形式的表扬，使他们尝到被人肯定的成就感，从而增强他们的自信心和上进心。我国著名的文学家刘心武先生在他的一篇作品中也有这样一句经典的话："一个丑恶的罪犯也有他自己的心灵美！"我们的学生再怎么调皮也不至于将他与罪犯等同起来吧？班主任千万不要吝惜"好话"。即使再差的学生也总有某方面的特长或优势，比如学习差的，他在体育方面很好，或在音乐、美术方面有特长，积极的评价能使学生的进取之火燃得更旺，使后进生重新找回自我，获取克服缺点的勇气和信心。

班风厚实，方能托起争红斗紫的学风，最终筑起一个优秀的班级，这主要依赖班主任。班主任工作是一项复杂艰辛而又有创造性的工作，只要你从点滴做起，从小事做起，不求能做出惊天动地的伟业，但求走过的每一段路，都能印下自己每一个足迹，就能折射出自己生命的价值。生命有了价值就一定能够找到自己的乐趣。或许我们是失去了很多，但无怨无悔，因为我们深爱着自己从事的这个太阳底下最神圣的职业，"既然选择了远方，便无悔风雨兼程"。

我的带班方略

一、我的班级

我班共有55名学生,女生28名,男生27名。参照男女平衡比例、优生潜能生匹配原则,全班共分为9个学习小组。班上大多数学生有着明确的学习方向,但有少数学生学习目标不明确。优生在学习上好胜心强,乐于学习,但也有少数学生学习方法不当、学习基础薄弱。班上有4名学生家庭贫困,家庭学习环境较差。有3名学生有轻微的心理异常,个别学生表现出容易躁动、贪玩、抗挫折能力弱、敏感孤僻等不良特点。

236班班风正、学风浓,综合素质高,多次被评为校优胜班级。"创最优班级,做最好的自己"是我们班的班级口号,在我们的心中,236班是我们共同守护的星空,让每一颗星星都闪亮,我们一直在努力。

二、我的育人理念

1. **坚持立德树人**。致力于培养德、智、体、美、劳全面发展的社会主义建设者和接班人,指导孩子扣好初中阶段的第一粒扣子。

2. **遵循科学规律**。从初中生的心理、生理发展实际出发,循序渐进,陪伴学生成长。

3. **坚持寓教于乐**。以活动促成长,让学生在趣味盎然的活动中得到熏陶和发展。

三、我的班级发展目标

习近平总书记提出:"新时代的中国青年要以实现中华民族伟大复兴为己任,增强做中国人的志气、骨气、底气,不负时代,不负韶华,不负党和人民的殷切期望!"贯彻讲话精神,教育和引导学生做到"有志气、骨气和底气"就成为新时期班级发展的目标。

1. **有志气**:营造红色文化教育氛围,强化理想前途教育,建立丰富多彩的班级活动,加强综合实践活动,培养学生德、智、体、美、劳全面发展。

2. **有骨气**:指导学生养成科学的学习习惯和生活习惯,关爱贫困学生和心理异常等特殊学生,让每一个学生都健康阳光地发展独特的个性。

3. **有底气**:创建符合本班实际情况的班级管理制度,制定班级三年发展规划,加强家校协作,让班级育人管理有制度、计划和后勤保障。

四、我的带班育人策略

陶行知先生说:"真的教育是心心相印的活动,唯独从心里发出来的,才能达到心的深处。"我始终相信因为有爱,才有教育。基于有真诚的爱，也才有真正的教育。于是，我常常以习近平总书记提出的"从做好小事、管好小节开始起步，踏踏实实修好品德，学会感恩、学会助人、学会谦让、学会宽容、学会自省、学会自律，成为有大爱大德大情怀的人"要求来引导学生。

在具体带班育人的实践中，我坚持自己"**认准一个中心、抓好两个队伍、强化三个关键**"的工作策略。

（一）认准一个中心：关注每一个学生，让每一个学生得到个性发展。

每一个学生都是一个珍贵的生命，也是一道独特的风景，关注每一个学生的成长是教师的职责所在。

1. **均衡分组，每一个孩子都不可或缺**。班级实行分组评比考核制度，将全班学生按照男女性别搭配，优生、中等生、潜能生合理分配，特殊情况学生分散安置，并依照学生性格互补等原则分为9个小组。每一个学生除了在班级活动中承担班级事务职责外，在所在小组还得负责一件以上具体事项的任务。这样既达到了班级事务事事有人做，更重要的是人人有事做。每一个学生在班级和团队中都有着明确的职责与位置，在团队中都不可替代，保证了每一个学生在团队中不会被边缘化。

2. **座位轮换，让班级里充满平等**。小孩的眼睛是单纯的，也是敏感的。老师是不是对他真心好，老师偏爱哪个学生、反感哪个学生，他们都看在眼里，清清楚楚。而座位安排是学生和家长关注的焦点，对学生的学习心理和正常的人际关系培养会产生长期深远的影响。因此采取座位轮换制度，以小组为单位，每周换动一次，按从左到右的顺序整体移动位置。小组内部座位调整由小组成员内部处理。这样尊重了学生的自主选择权，同时也促进了小组团队的抱团成长。

当然也要根据初中学生的年龄和生理发育特点，特别是视力保护的需要，班主任及时指导学生合理安排内部座位，对个别特殊学生的座位安排先做通工作。但目标只有一个，有利于创建优良班集体和调动学生的积极性。

3. **因材施教，尊重学生的个体差异**。每一个学生都是独一无二的特殊个体，具有自己独特的智能因素。关注学生心理、生理等方面的差异，因材施教，分层教学，才能让每个学生学有所获。首先要有分类要求，分层而不定层。让学生根据自己的实际情况，自主选择分层发展目标，完成初定目标后，可以选择上一层级的发展目标，让学生体会到逐层进步的成就感。针对差异布置不同的作业题，如基础作业、提高作业和拔尖作业三个层次，让学生跳一跳，摘桃子。然后是实行差异性评价，根据起点看成绩，用发展的眼光来看学生，保护好学生的学习兴趣和自尊心。在班上我经常跟学生讲，这么难的题你都能做出一点，说明你已经进步了，只要你继续努力，经过一段时间，你一定会赶上去的。总是及时鼓励、激发和调动学生的积极性，让学生在丰富、真切、感人的评价语言中受到感染，从而增强必胜的信心。

4. **关注特殊学生，走遍每一个学生家庭**。一位班主任的成功，不在于他教出了多少优秀学生，更要看到班上有没有教育失败了的学生。留守、单亲、孤儿、特殊体质、特定疾病、心理异常和贫困等学生往往是班级工作的短板，恰好又是这一部分学生最需要老师的关爱与帮助。接手236班，我就逐一走进全班所有学生家庭，了解学生在家实际情况。初步摸清本班有留守学生 7 人、单亲家庭学生 11 人、特殊体质学生 3 人、特定疾病学生 2 人、心理异常学生 3 人和贫困生 4 人，还有 2 名学生因玩网络游戏上瘾与父母发生过冲突。掌握了这些情况，我对这些特殊群体的学生做思想工作就有了针对性，多次家访与单独谈心，发现优点及时鼓励，作业面批面改，对症下药地做好教育疏导、精准帮扶，让他们和正常的学生一起生活在蓝天之下，共沐阳光。

（二）抓好两个建设：班干部队伍建设和家委会建设

班干部队伍和家委会是开展班级工作的两个有力帮手，前者帮助班主任处理班级内部事务，后者协助班主任解决对外活动难题。发挥这两个帮手的作用，班级工作事半功倍。

1. 班干部队伍建设

本班班团干部共 12 人，大组长 9 人，科代表 16 人，尽量做到人人有事做，事事有人做，他们的优秀表现各成风景。

（1）标准引领。将成为一名优秀的班干部作为学生努力的目标，让全班学生都朝着班干部的标准迈进。我对班干部设定的标准是：敢于管理、成绩优秀、严于律己、以身作则、吃苦耐劳、敬岗爱业。而且凡是要求一般同学做到的，班干部必须首先做到，言谈举止不能让普通同学抓把柄。如原本调皮的潜能生小黄自从当了大组长后，作业工整了，能按质按量完成，小组工作开展得有声有色，能督促组员守纪、好学，在班级"百分"竞赛中该组名次多次位居前三。

（2）民主选拔。在组建班委会时，广泛听取学生意见，采用民主选举方式，让学生们都参与竞选，且选举的方式、选票统计等相关活动都由学生操办。既给学生树立了规则意识和民主意识，也确保选出来的班干部是同学们信任、有号召力的优秀分子。

（3）目标管理。我给班干部提出的目标是愿意管事，敢于管事，管好事情，会管事情。通过目标激励班干部从被动管理到主动管理，从粗放管理到精细管理。让老师从管理主角退到幕后指挥。2021年5月我到长沙参加为期三天的培训，听同事讲班上秩序井然有序，和我在时一样，回来后依然获得了全校的"流动红旗"。

（4）呵护鼓励。对班干部的工作成绩，我在班上都及时表扬肯定，把班干部付出的辛苦告知同学，赢得学生对班干部的感激、尊重，同时对妨碍班干部履行权利的学生及时批评处罚。在班干部工作方法欠妥时及时指导纠正。

2. 家委会建设

（1）选好人。先通过家访与家长面对面交流，再结合学生表现，选择热心班级工作、有正气、有大局意识，且子弟在校表现好的家长担任班级家委会成员。在开学两个月内，我频繁与家长交流，选择9名家长构成班级家委会，并成立家长微信群。由于前期准备工作充分，对家长比较了解，组建的家委会思想统一、分工明确、执行有力。

（2）定准位。家委会是学校和班级管理的有力补充，是家长与学校老师之间的沟通桥梁，也是全体家长的引导者。但家委会只能协助班级工作，不能过多参与甚至干涉学校教育教学管理。有些班级和学校出现过家长干预学校人事聘任和经费收支的情况，这都是没有定准位的表现。所以在组建时我就跟家委会讲清规则，既不伤害家长积极性但也不允许家长提无理要求。

（3）做实事。一是通过家委会宣讲国家教育法规，介绍学校工作实际困难，取得家长对学校和班级工作的理解和支持。家委会组织了4次家长培训，参与率达98%，宣传《家长教育行为规范》《未成年人保护法》等法律法规。二是推介先进典型，组织家长之间通过各种形式加强相互沟通，相互借鉴较成功的育子经验。三是在学校班级具体活动中支持学生参与并有相应物资支持。同时及时向班主任反映学生和班级出现的新动态，为班级发展提供合理化建议。

（三）强化三个关键：文化建设、活动仪式和长期陪伴

1. **营造文化氛围，环境熏陶人**。在教室精心布置三面墙。一面荣誉墙，张贴各种奖励证书、照片和红旗。把班级在各类比赛活动中的辉煌成绩都记录在墙，如我班已在学校文艺汇演中蝉联两届桂冠，三次被评为优秀班级，学校卫生文明流动红旗基本上每周都留在我班。这些都激发着学生的自豪感和责任感。一面文化墙，展示学生书法、美术和作文佳作，张贴手抄报，并做到月月更新，让这里成为学生展现才华的阵地。一面警示墙，张贴"小组百分比竞赛"一览表，天天公示，鞭策学生约束自己的行为，对照先进找差距。

2. **注重生活礼节，仪式塑造人**。学生的能力提升、情操培养，除了课堂之外，主要通过丰富多彩的班级活动来获得。在我班上，我每学期都精心安排好班级活动，如9月份的感恩教育（教师节感恩老师、中秋节感恩亲人）、10月份的爱国教育（爱

我中华演讲比赛、"正气歌"的书法比赛）、11月份的励志教育（"我的收获"作文比赛）、12月份的读书活动（读书会）、1月份的文艺汇演。这样让活动触动学生的心，使他们学会感恩、懂得关爱、凝聚力量、团结一心。但活动的开展，我除了自己亲力亲为外，尤其注意引导学生参与活动的态度，如升国旗时必须肃立敬礼，重大节日活动必须盛装出席，公众场合发言必须鞠躬致意，让学生养成严肃得体的作风。而我自己作为老师也尤其注意平时礼仪。每个学生过生日，我都要送孩子一本书，在扉页工工整整写一段励志的话，并在班上当着全班同学的面恭恭敬敬双手递给学生。学生在参加会考中考前，我给每个学生一个深情的拥抱。轻轻在耳边送上祝福，让孩子们感受到老师真诚的关爱。生活需要仪式感，在这种仪式感十足的环境里培养出来的孩子将来无疑是君子淑女。

3. **坚持长期陪伴，温情成长人**。陪伴是最好的老师，让学生每时每刻都感受到老师和他们同在。虽然我是两个孩子的母亲，一个孩子读高中，学习非常紧张。一个在幼儿园，需要母亲呵护。可我知道我还有另外55个孩子。每天我7点准时来到学校，带领学生晨跑，在我的带领和呼喊下，每天1000米的锻炼，让我班上没有小胖墩。体育中考，学生参考，我给每个学生抹红花油、按摩，他们在跑道飞奔，我在场边加油。班上学生的大型活动，如文艺汇演，我班一定是56个人参加，站在中间灿烂微笑的那个就是我。正是这种陪伴，让我更懂学生的心，而学生也在我的注视下，茁壮成长。

五、 我的带班育人成效

教育的本质是唤醒。学生内心纯净、脆弱，因为纯净，容易被污染；因为脆弱，更需被呵护。在和他们的交往中，我小心翼翼培植他们向真、向善、向美的初心，蹲下身子陪伴他们自省、自律、自信地成长。

教学难点趣味化

理想的地理教学应该与智力因素和非智力因素的发展相关，在众多非智力因素的过程中，兴趣是学生接受教育的感情基础，是学生寻求知识、思维发展的巨大推动力。所以感兴趣的非智力因素，在教学过程中的作用越来越引起人们的关注。

本人是一位地理老师，为了提高学生的学习积极性，平时经常在教学过程中添加趣味性元素。

初中地理课程受到传统教学的影响并没有被人们非常关注。在语文、数学、英语、物理、化学等所谓的"阴影"之下，地理似乎被"欺负"。即使在实施素质教育的今天，一些学生，一些老师，甚至一些学校领导仍然认为地理学科没有很大价值。因此，可以预见地理课堂教学的困难，要学生愿意学习或喜欢学习地理，没有一个好的教学方法，这是很难取得良好效果的。如何让相对枯燥乏味的地理学科吸引学生的注意，成为地理教师所面临的一个巨大的挑战。地理教师必须使用科学的教学方式，最主要的是用有趣的教学方法指导学生学习地理知识，并指导学生运用地理知识在日常生活中解决相关问题。那么，什么样的教学方法能让学生对学习地理感兴趣呢？

一、导入的趣味性

根据学生的心理特点，深入挖掘教材和有趣的因素，通过富有吸引力的引入，使班级开始形成一种积极、愉快的氛围，使学生有一个强烈的愿望去掌握新知识，激发学生学习兴趣。有很多种具体方法。

1. 以"地理之最"来导入新课

通过"地理之最"来诱发学生的学习兴趣。例如，在讲述中国地理时先提问："世界上人口最多的国家是哪个？"在讲述亚洲时，可用世界上最高峰在亚洲，亚洲的人口总数多等。

2. 以世界著名风光来导入新课

用图片或幻灯片向学生介绍地理风貌，在观看领略一个国家或地区风光和风土人情的基础上讲授新课。例如，在观察长城的幻灯片或录像片后开始中国地理的学习；可先了解袋鼠、考拉，然后开始澳大利亚地理的学习；用白宫的图片，引入美国的学习。

3. 猜谜语导入新课

例如，在讲述加拿大可用"零存整取——加拿大"来导入。

二、巧借趣味语言授课

教学中通过抓住区域地理及其与历史相互联系的规律，适当引用顺口溜、谚语、古诗、故事、谜语、歌曲以及地理别称进行教学，通俗易懂，可加深学生对地理知识的理解和运用。

1. 顺口溜

如：两湖（湖南、湖北）两江两海安，川西云流六千三；流域超过百八万,宜昌湖口各拉段。

2. 谚语

如讲西北地区时,引用"早穿皮袄午穿纱,围着火炉吃西瓜"说明我国大陆性气候的特点;讲锋面雨时用"云过山坡湿,雨过山头明",可激发学生兴趣。

3. 古诗

在教学中,可恰当地引用古诗词。优美诗句可使学生如临其境、如闻其声,创造一种诗情画意的教学环境。如学习旅游胜地——泰山时,不妨让学生朗诵杜甫的《望岳》:"岱宗夫如何?齐鲁青未了。造化钟神秀,阴阳割昏晓。荡胸生层云,决眦入归鸟。会当凌绝顶,一览众山小。"学生在朗诵中将领略到泰山的雄伟壮观。这些诗歌犹如饭菜中的调味品,让学生回味无穷。

4. 谜语

如猜"说它多大有多大,无人知它始和终,也没左右和上下"(宇宙);"千颗星,万颗星,北天星星数它明,夜里航行不用灯"(北极星)。运用谜语,不仅活跃了学生的思维,同时也营造了活跃的课堂气氛。

5. 歌曲

讲内蒙古高原时引用"蓝蓝的天上白云飘,白云下面马儿跑"描述温带草原的辽阔、壮丽;讲长江之前,让学生听一首充满深情的《长江之歌》,这时学生的心中仿佛流淌着一条汹涌的大江,接下来听《你从雪山走来》,提问:雪山是指哪座山?这样一来学生的学习兴趣和热情就全部被调动了起来。

6. 地理别称

地理别称具有把地埋事物的特征高度概括的功能,有助于学生记忆众多的地名。例如,"世界公园""钟表王国"——瑞士;"火山之国"——印度尼西亚;"佛塔之国"——缅甸;"枫叶之邦"——加拿大;"日光城"——拉萨;"不夜城"——漠河;"草原钢城"——包头等。

三、注意引导学生关注身边的问题及热点问题

在生活中,到处都有地理。在教学中必须密切关注国内外重要地理事件和地理事物、地理现象,因为许多地理知识更接近生活,接近实践,可以引导学生学习和运用知识解决生活中遇到的问题。例如,当涉及我国的气候特点,农业的发展与气候有着密切的关系,充分利用气候资源,因地制宜发展农业生产,提高人民生活水平,改善人们的生活质量,例如海南、广东积温较高,生长周期长,可以种植各种瓜果,成为中国主要的水果生产基地,享有"天然大温室"之称;北方地区冬季不适合生产水果,过去的冬季蔬菜品种很单调,随着铁路运输的发展,南方地区的水果可以运到北方,丰富了"菜篮子",北方地区改变了冬天的萝卜、土豆、白菜"负责"的历史。通过这种方式,学生的兴趣已经引起,与此同时,也提高了学生学习地理,并运用地理知识解决问题的能力。

四、利用漫画教学,引发兴趣

漫画教学,生动、深刻的意义,容易激发学生的兴趣和积极的思考。如谈论人类和环境后,我选择了1989年世界环境日主题宣传漫画,图片的地球是拟人化的,汗水像雨"头",被地球

上的植物和汽车尾气包围,一片森林被砍伐破坏。让学生阅读漫画,并要求学生回答这个问题:宣传漫画揭示了全球主要的环境问题是什么?这些问题的原因是什么?这些问题会导致什么后果?

综上所述,作为一种教学方法,不仅能使学生积极、主动、自觉地参与学习,也可以开发学生的潜在能力。教师通过激发和引导学生的兴趣,让学生积极参与整个教学过程,改被动学习为主动学习,形成教与学的良性循环,以更好地提高教学质量。

运用"精导法"使课堂更加高效

教改一直在进行,它与教师的教学目标一致,都是为了使课堂高效。即以尽可能少的时间、精力和物力投入,取得尽可能好的教学效果。其中就包含了教学时间、教学任务量、教学效果三个要素。如何在有限的教学时间、规定的教学任务量中做出良好的教学效果,一直是教育界讨论、研究的课题。本书依据平时的教学经验,在新课改的前提下,提出一个全新的教学法——精导法,发现对高效课堂有很大的帮助。

什么是精导法?精就是精讲,导就是思维导图(两者都有人单独提出并践行,但没有人将两者整合、运用),将两者有机结合起来就是精导法。

一、精讲能促进学生精准掌握知识点

(一)什么是精讲

所谓精讲,就是梳理后的教材重点、难点、考点部分加以解释、分析。课堂45分钟,新课改要求老师的讲解时间为10分钟左右,精讲的目的是把时间还给学生,把学习的自主权还给学生,把重难点进行凝华。

(二)精讲的原则与要求

根据教材有所取舍,根据学生有所选择,根据情境有所发挥,根据课堂有所创新。做到"用教材教,而非教教材",披沙拣金。但并不是次要的、发散的内容不讲,而是将次要的、发散的内容通过学生阅读、思考、讨论、点拨等方式来解决。

精讲对老师的业务水平要求很高,需做到语言精练,形象生动;内容精当,深入浅出;讲解精彩,情感共鸣;话题精巧,构思新颖。

如在讲解《地球与地球仪》中的《地球仪》时,老师应当将繁多的内容进行抽丝剥茧,有条理地将重点准确地表达出来(如图1)。

老师先用一个描好类似经纬网线条的西瓜,让同学们说出西瓜的外形特点后,按画线将西瓜切开,每切一刀就讲一个知识点,介绍赤道、本初子午线、东西半球、南北半球,根据画线导入经纬网。然后板书精讲内容。

1. **地球的形状**:地球是一个两极稍扁,赤道略鼓的不规则球体。

2. **大小**:

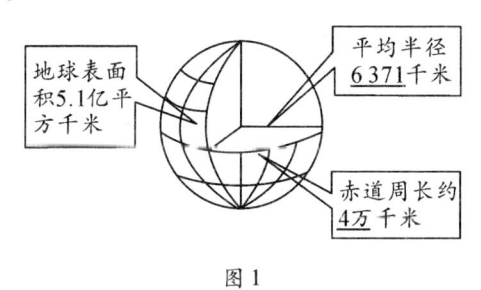

图1

3. **地球仪**:人们仿照地球的形状,按照一定的比例缩小,制作的模型叫作地球仪。

4. 球仪上的点和线

(1) 地轴:地球自转轴(假想)。

(2) 极点:地轴和地球表面的交点,指向北极星方向的一点是北极,另一点是南极。

5. 纬线和经线、纬度和经度

	长度	指示方向	度数范围	定义	0度
经线	相等	南北方向	0°~180°	在地球仪上连接南北两极并垂直于纬线的线	本初子午线
纬线	不相等(南北对称两条相等)	东西方向	0°~90°	在地球仪上所有与赤道平行的圆圈	赤道

最后由学生自学、讨论找出特殊的经、纬线和经、纬度;南北半球、东西半球的分界线;证明地球是球体。

这样既能使学生精准掌握知识点,又能启发学生发散思维,找出相关需掌握的知识。

(三) 精讲的必要性

高效课堂无非是培养学生自主、合作、探究、效率的学习习惯与学习能力。只要能使课堂达到高效,精讲是符合规律的。精讲就是课堂目标标杆,引领学生快速占领重点和难点阵地,让三类学生(优秀、中等、后进)突破学习目标的重围。可以让学生有充分的时间去消化和吸收知识;可以使学生不由自主地提高课堂注意力;可以使学生有更充分的时间动手动脑来锻炼自主学习能力,提升运用知识解决具体问题的能力;可以实打实地落实以教师为主导，以学生为主体的新课程精神；可以将学生在课堂中的自主、合作、探究、效率落地生根。

二、思维导图能促进发散思维的展开，有利于开启大脑潜能，提高记忆、学习和思考的效率

（一）什么是思维导图

思维导图是梳理思维、抽厘问题的有效图文思维工具，运用图文并茂的技巧将不同层次的主题有序地表达出来，以各个支点相连形成一个好的知识链、记忆链。充分运用左右脑的机能，利用记忆、阅读、思维的规律，协助人们在科学与艺术、逻辑与想象之间平衡发展，从而开启人类大脑的无限潜能。

（二）思维导图的特点与运用

思维导图能训练思维能力。思维能力包括四个方面：理解能力、分析能力、判断能力和推理能力。而这四种能力是学习能力的核心，都需要大脑不断进行思维的概括、综合、比较。使用思维导图能让学生站在系统的高度把握知识，将知识点进行有效分类。思维导图能帮助学生提高学习能力。目前中小学学科多，各学科之间的逻辑思维方式差异很大，在学生心智综合力不完善的情况下，运用思维导图引导学生在学习过程中，将抽象的具体化，零散的系统化，复杂的简单化。特别是在要求学生自主完成思维导图的情况下，会大大提高学生的学习能力。放大学生思维的"自主知识产权"。然后让学生进行"对学""群学"，绘制出较全面较系统的思维导图。

如前文提到的在讲解《地球与地球仪》中的《地球仪》时，

我们可以运用总分式的顺序梳理知识点,然后绘制思维导图,激发学生学习兴趣,理顺思路,达到快速掌握知识的目的。(如图2)

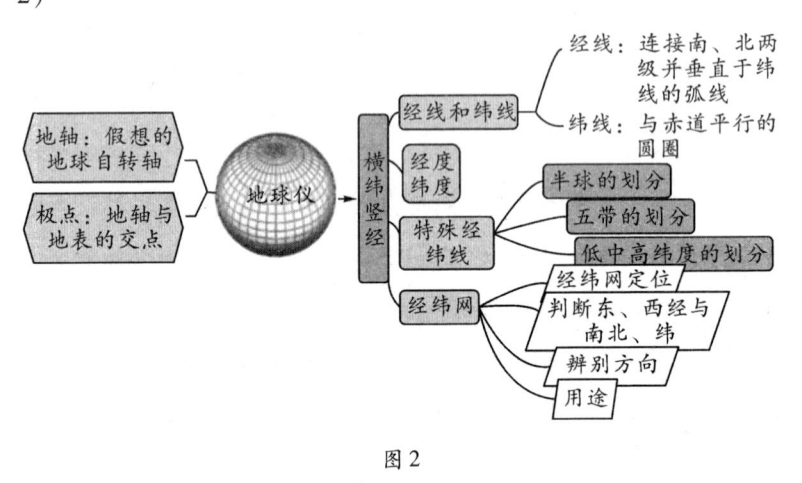

图 2

(三) 思维导图的应用价值

建立系统完整的知识框架体系,对学习的课程进行有效的资源整合,使整个教学过程和流程设计更加系统、科学有效。利用思维导图进行课程的教学设计,会促成师生对知识点描摹全景图、构建整体观,并能根据实际情况及时做出有效调整。合作绘制思维导图不仅能增强学生的合作学习能力,更能体现各自对知识的理解,促成学生对知识点的正确性做出结论。思维导图的绘制具有灵活性,因此能够挖掘出学生的思维潜力。

三、精导法让高效课堂有质的飞跃

(一) 精导法的构成

高效课堂要求老师先要确定45分钟内应掌握几个知识点,

解决几道题，记住几个概念。精讲与思维导图合一运用，正好符合高效课堂的要求与宗旨，运用过程只需避免精而不重，图而不实。做到精讲在前，起到引领作用，指导学生学习的同时，指出学习内容的重点，解决难点；思维导图在后，起到归纳总结作用，引导小组讨论，支撑巩固高效。

（二）精导法如何进行

每一堂课的课题是根，学习目标是枝干，重点难点是枝干的节点与果实，为了理清学习目标中的层次、纵横关系，达到精讲与导图合一产生高效，我们可以运用多种方法进行。

1. 层剥法

层剥法是对一个完整的题目进行层层剖析、说明。这种方法要求有严格的逻辑性和系统的科学性。必须层层深入，层层递进，理据分明。厘出精要内容，又思路清晰。这样既促进了老师必须认真备课，又激发了学生独立思考的能力。

2. 树形法

树形法是指老师将课堂内容设定为一棵树，从主到次地向学生描述，使学生形成正确的表象，获得充分的感性认识，为概念和理论的建立打下基础。如介绍某种地形，讲述某种气候，某个湖泊，都可以用到树形法。

3. 列表比较法

对于类似的、容易混淆的地理现象、事物、特征等，列表比较法是一种有效的教学方法。通过比较异同之处，列出表格，不但加深了理解，还强化了学生探究学习的兴趣。

这些方法既能体现精讲的内容，又便于绘制思维导图。如在讲述《地形图的判读》时，因本节内容抽象而且较难，因此用"精导法"来教学是有明显效果的。老师将三角尺与废旧的自然场景模型作为教具，先让学生观察模型，然后导入"等高线"，根据课本讲解并板书精讲内容。

（1）等高线

①含义：在地图上，把海拔相同的各点连接成线，叫等高线。

②特点：除陡崖外，等高线一般不相交；同一条等高线上的各点，海拔相等；等高线有无数条。

（2）等高距的含义及特点

任意相邻的两条等高线之间的距离，叫等高距。同一幅等高线地形图上，等高距相等。

（3）等高线地形图

①含义：用等高线表示地形的地图，叫等高线地形图。

等高线地形图实际上是将不同高度的等高线投影到同一平面上来表示起伏的地形。

②等高线地形图的判读

在等高线地形图上，可以根据等高线的疏密状况判断地面的高低起伏。

（4）山体不同部位的等高线分布特点。

再根据以上内容与课本，由学生绘制等高线地形图判读的思维导图。见图3。

图3

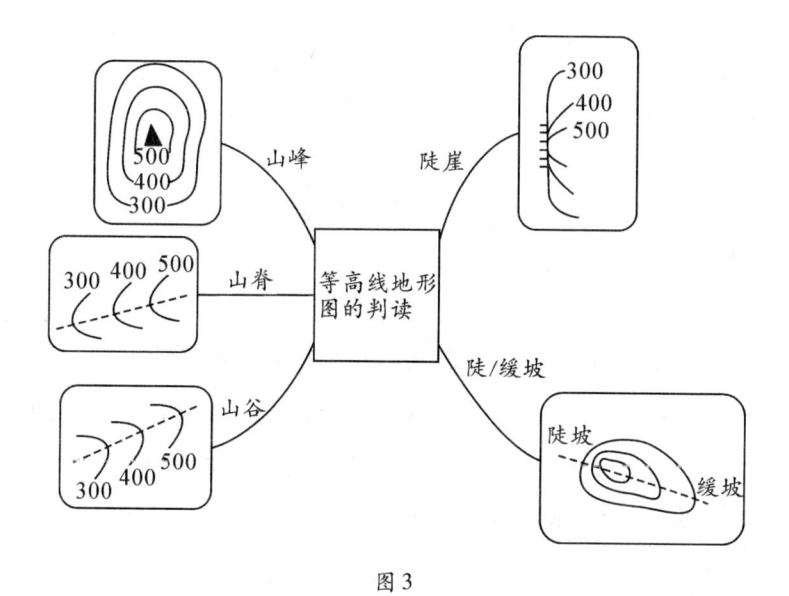

整节内容讲完后,将本导图作为一个分支融入本节的综合思维导图。这样使学生学习的知识更加清晰、更易掌握、更加系统。

高效课堂需要有好的导入让学生对课堂有兴趣,更要将精讲作为教学方法引领学生学得准确牢固,还需将思维导图作为课堂归纳来加深记忆,以精练来巩固课堂知识。

因此,当精讲与思维导图和谐地结合在一起时,课堂效果会有质的飞跃。

育人小故事

面向学生的时候,我们给他们知识和爱。而这个过程,是一个双向过程。因为学生也会回馈给我们礼物,这个礼物就是他们的成长。我弯下腰,低下头,拿着放大镜去寻找他们成长的印记,每找到一处,哪怕是一小点,都足够使我幸福和骄傲。

2017年,我担任初一年级的班主任。为了尽快熟悉我们班的同学,我总是会提前一个晚上将座位表做出来,然后花两个小时将姓名按座位表的顺序背下来。这是我的老习惯了,第二天就能将同学们的姓名和面貌联系起来,叫出名字。他们很开心,有一种被重视感。我也很开心,有一种成就感。

初次看到星星这个名字的时候,我想她一定是个像星星一样明亮的小女孩,散发光芒。第二天,我看到她的时候,她是一个高挑清秀、体质单薄的女孩子,穿着一件很破旧但洗得干干净净的牛仔外套,虽腼腆却无比坚毅。

这三年,她战胜了很多困难,我也付出了许多。在开学报到日的那天晚上,我打开了星星的家庭情况表,她是一位贫困生,一位从大山里走来的女孩,家离学校有一百多公里,父亲经常在外打工,母亲种田。星星她们四姊妹硬是将家庭拖成了典型的穷困户,但我心中认定,她父母是重视教育,希望孩子能飞出大山的。

在一次家访时,我得知她一个人住在亲戚家,而亲戚常年在外打工。放学后,她需要自己做菜、做饭、洗衣,身上仅有的50元用了近半个月。第二天,我便买了一个漂亮的饭盒,经常炒好菜带给她吃。她平时不爱说话,班级活动也几乎不参加。后来,学校或班级活动,如有需要另外交费的,她不愿意参加,明白她的顾虑我会悄悄为她支付相关的费用,不让她缺席任何一次活动。慢慢地,她越来越开朗了,和同学们闹成一片,脸上也洋溢着青春的微笑。

我知道,这朵花,要绽放得越加美丽了。我更知道,作为一名园丁,要继续辛勤耕耘,一如既往。2019年孩子们已经初三了,寒假前夕我看见她的棉袄已很不合身,担心她感冒。我估量着她的身高体重去到店里,买了一件又暖和又漂亮的羽绒服。但回去的路上,我提着这件羽绒服犯了难,孩子大了,心思也越来越敏感了,如何让她有面子地收下呢?想了半天,灵光一现,班上最近刚举行了考试,她依然稳居第一名宝座,这件衣服为什么不当作第一名的礼物呢!果然,合乎我的预料,她开心地收下了这件羽绒服,我的心也暖暖的。

时间一晃就过了三年,到了2020年,这个坚毅的小女孩没有让我失望,她考取了市高中里的最高学府。这个消息让我欣喜若狂,她终于可以为自己的未来和梦想而奋斗了。但我猛然意识到,这高昂的费用一定会使她发愁。我将她送到一中校门口,叮嘱她在一中要好好学习,要开心快乐地成长。然后,我联系了她们班主任,为她支付了学费和班费。

帮助每一个需要帮助的学生，爱护每一位学生，是我作为一名教师与生俱来的责任感。而这些付出，不图回报。我总是告诉学生，长大了做个好人，做个善良的人，做个有爱心的人。这，就是对我最好的回报——来自学生传递的四面八方的爱。

　　善于换位思考，引导学生自尊、自信、自立、自强，在过去、现在乃至将来，我都会一如既往，和孩子们一起成长。

家与校

同心山成玉,协力土变金。

家校合力成为孩子的坚强后盾

学校是学生接受系统性知识学习的主要阵地,营造出一个有目的、有计划的教育环境,在学校、家庭以及社会这三方教育之中,学校教育起主导作用。

家庭是一个人最先接受教育的地方,也是能够对一个人进行终身施教的地方。与学校教育相比,家庭教育并没有如同学校一样的专业教育系统,但是家庭教育对一个人品质的形成、人格的塑造等都是学校教育所难以比拟的。当一个人出生之后,家庭便是其第一生活环境,他们的身心健康就需要依靠家庭教育。

同心的重要性

学校与家庭这两种教育各具特性,对学生的健康成长都扮演着不同的角色,但又紧密相关。

双方良好的关系可以增进老师对学生的了解。老师了解学生在学校的学习情况,很少了解学生在家里的生活情况,而学生更多的时间是在家里生活,教师就不可能对学生存在问题的原因真正全面地了解,也就难以有的放矢地实施教育目标。每个家长都十分关心自己孩子的成长,都是望子成龙的,但是如果不了解孩子在学校里的情况也会产生诸多教育的疏漏。有的学生对家长报喜不报忧,在学习成绩、守纪情况等方面说谎,甚至逃学、迷恋网络游戏家长也不了解,等家长知道情况时,已经非常严重。因此，只有教师和家长之间有了良好的沟通，才能使双方都对学生有比较全面深入的了解。

双方良好的关系能够形成教育的合力。家庭与学校都担负着教育青少年健康成长的重任。家庭教育主要是通过父母等长辈的言传身教和家庭生活实践，潜移默化地对子女施以一定的教育影响的社会活动。而学校教育是通过教师对学生进行正面的思想品德教育和系统的文化科学知识教育，培养学生"德智体美劳"全面发展的另一社会活动。学校、家长和社会，在这三个方面中，如果我们能有效地抓住前两者对学生进行教育，那么实际上也就抓住了对学生教育的主要方面。从家庭教育与学校教育、社会教育的关系看，家庭教育在整个教育工作中都处于基石的地位，是教育内容最广泛的教育。学校教育主要是文化科学知识的教育，学校的层次越高，往往就越是如此。

家校沟通有利于家长走出家教误区，掌握科学的家教方法。通过交谈、讲座、书面联系、向家长推荐一些重要的谈家教的文章，并针对孩子的特点和实际问题，教给家长一些科学的、有效的家庭教育方法，还要让家长正确了解自己孩子的性格、能力、爱好等，既不要"望子成龙、望女成凤"，也不要"包办代替"或"放任不管"。

家校沟通有助于家长了解孩子在校的表现，有利于老师了解孩子的性格特点，开展针对性教育。每个学生的性格、能力、爱好都是不同的，学生在学习与成长过程中也可能出现不同的特点：有人学得快，有人学得慢；有人成熟得早，有人成熟得迟；有人兴趣比较广泛，也有人兴趣比较专一。

因此只有将这两种教育有机地结合起来，才能够使学生受到更好的教育，使学生取得更好的发展。

同心的态度与方式

家校沟通如何才能做到有效、和谐？有效的沟通方式主要是家访、家长会和电话信息，这几种方式在运用时又有许多技巧，更多的是需要真诚、理解和共同长期关注。

作为班主任要尊重学生家长的意识。有情况请家长到校，应主动给家长让座、倒水，特别是学生犯错误时要求学生家长到校时更应注意这一点，不能"以气置气"，因为不管你的年龄、性别还是资历，与对方比较起来是多么的"淡雅"，但首先你是教师，是班主任，是孩子心中的一片天。如果你去较劲，去以"粗暴的家长的心态"来对待，到头来好的结果是两败俱伤，不好的结果就是"家长始终在你的眼睛里面跳"。

有的老师过于以自我为中心，所以做了很多的工作，不能得到家长的理解，也就不能树立起在家长心中的口碑，这就需要班主任老师转换角色，换位思考，多理解家长。如果需要将家长请到学校面谈的，可先把家长叫出办公室，在一个单独的环境里向学生家长说明情况，形成一致意见。另外，现在的学生家长很多都有很高的学历，有很高的认识水平和管理孩子的水平，如能经常征求并尊重学生家长的意见，会让家长觉得我们当班主任的比较民主、诚实可信，有利于班主任和家长的联系沟通。

需要与家长经常沟通的多数是家庭存在某些方面的问题，致使学生走偏，因此，在与过度溺爱孩子的家长沟通时，以情与之共鸣是法宝；许多家长忙于工作，对孩子的学习不闻不问，与他们沟通的捷径是充分利用他们好面子的心理；与"脾气暴躁型"家长沟通，让他尝尝碰壁的滋味是沟通的捷径；孩子的学习成绩持续落后，家长往往就会失去信心，和这部分家长沟通时，通过挖掘表扬孩子其他方面的闪光点来感染家长，往往能取得良好效果。

自我认识与相互认识

相互认识是指要双方坦诚，彼此了解哪些是要学校完善的，哪些是要家长加强的，学生哪方面存在欠缺，需要哪方面查漏补缺。

学校方面，应当经常宣传《中华人民共和国教育法》和《学生伤害事故处理办法》。

学校应坦诚告诉家长哪些是学校的责任和义务，如对学生的教育主要包括课堂教学，课内、课外活动，共青团、少先队组织的活动，校会、班会、周会、晨会、社会实践活动、时事政策的学习等。教育的主要目的是让学生接受爱国主义教育、理想教育、集体主义教育、劳动教育、人道主义教育与社会公德教育、自觉纪律教育、民主与法治观念教育、科学世界观和人生观教育。班主任主要负责建设好班集体，抓好学生的学习质量，关心学生的生活和身心健康，组织和指导学生开展课外校外活动，培养学生自治自理能力，做好学生的家长工作和社会工作。做好班级常规工作等，做好本班学生思想品德评定和有关奖惩工作。

家庭是社会的基本细胞，是人生的第一所学校。家庭教育和学校教育、社会教育并称为教育的三大支柱。家庭教育是教育人的起点和基点，是优化孩子心灵的催化剂。良好的家庭教育可以培养孩子健全的人格和良好的品格，为孩子的健康成长和成才奠定基础，对构建和谐社会有重要的意义。家庭教育主要是指父母或其他年长者对子女及其他年幼者施加无意识的影响或有意识的教育，把一定的道德规范、思想意识、政治观念转化为受教育者品德的一种教育活动。家庭教育包括监督学习、爱心教育、文明礼貌教育、劳动教育、道德教育、思想教育以及人生观、世界观教育等诸多方面。

根据社会现状，家庭教育可能存在的问题有留守儿童增多，家庭教育不全或者空白；有些家庭教育者不能起到榜样示范作用；有些家庭教育缺乏科学的教育方法；有些家庭教育者与学校配合不够；部分家长思想认识偏差。这就需要家长、家庭根据自身情况合理安排和适当付出，千万不要做溺爱型、过多干涉型、期望过高型的家长。而应当尊重孩子，耐心倾听孩子的心声；以身作则，家长要做孩子的好榜样；创造机会，让孩子在吃苦中得到磨炼；严爱有度，爱孩子应该爱得适度。

有温度的沟通

在沟通的过程中要有一个中心点，不要偏离目标，就事论事。要先看到对方的优点长处，给予适当的赞美，肯定对方做得好的地方。不要一开始就盯着对方的缺点、毛病不放，这很容易引起对方的反感。要学会换位思考、同理心，站在对方的角度考虑问题。沟通的过程中要学会倾听，尊重对方，最好学会微笑，微笑着说话，让声音美化，而不是冷冰冰的，这样对方也能感受到你谈话的温度。注意语气、语调、面部表情，少用反问句、疑问句，多用肯定句。

家校沟通多数会聊到学生的缺点，但双方要讲究方法。一是批评要有实际意义。不能吹毛求疵，或者因为看不惯对方就随意地指责。原则就是，学会对事不对人，让对方在第一时间就充分地意识到，我们批评的不是他本人，而是批评他的错误行为。二是批评别人一定要尊重客观事实，别捕风捉影，上纲上线，扣帽子，甚至无中生有，恨不得置对方于死地，这种批评非但起不到指正的作用，还会引起对方的抵触，反而觉得自己没错。三是批评别人要诚恳，目的要纯净。我们批评一个人的目的是帮助他人意识到错误并改正，而不是为了批评而批评。如果是这样，批评就成了找碴和耍威风，这样的人是令人讨厌的；四是不要轻易使用概括词，即盖棺论定的词汇。每个人都不可避免会犯错，但不能因为一个错误就否定一个人的所有优点，把一个好人说成一无是处的坏人。

比如："我算是看透你这个人了。""你已经无可救药。""你从来就……""你总是……"这种扣帽子式的概括词会使对方认为你对他抱有成见，从而产生更加强烈的对立情绪，最后你批评的力量会被大大削弱，甚至在他身上消失不见，完全起不到应有的作用。

曾在学习"如何与家长沟通"专题时，专家给老师总结出了二十条沟通用语，在此分享给大家。

第一条，您的孩子最近表现很好，如果在以下几个方面改进一下，孩子的进步就更大。

第二条，请家长不要着急，孩子偶尔犯错是难免的，我们一起来慢慢引导他。

第三条，您有什么事情需要老师做吗？

第四条，您有特别需要我们帮助的事情吗？

第五条，谢谢您的提醒！我查查看，了解清楚了再给您答复好吧。

第六条，您有什么想法，我们可以坐下来谈谈，都是为了孩子好。

第七条，孩子之间的问题可以让他们自己来解决，放心吧，他们会成为好朋友的。

第八条，这孩子太可爱了，老师和同学都很喜欢他，继续加油。

第九条，谢谢您的理解，这是我们应该做的。

第十条，很抱歉，孩子受伤了，老师也很心疼，以后我会更关注他。

第十一条，我想这件事该由××负责，我可以帮你联系一下。

第十二条，我们非常欣赏您这样直言不讳的家长，您的建议我们会考虑的。

第十三条，您的孩子最近经常迟到，我担心他会错过许多好的活动，我们一起来帮他好吗？

第十四条，您的孩子最近没有来校，老师和同学都很想他，真希望早点见到他。

第十五条，请相信孩子的能力，他会做好的。

第十六条，学校的食谱是营养配餐，为了他的身体健康，我们一起来帮他改掉挑食的习惯，让他吃饱吃好。

第十七条，您有这样的心情我很理解，等我们冷静下来再谈好吗？

第十八条，近期我们要举行××活动，相信有您的参与支持，会使活动更精彩。

第十九条，学校网站内容丰富多彩，欢迎您经常浏览，及时沟通。

第二十条，我们向您推荐好的育儿知识读物，您一定会有收获的，孩子也会受益。

当前"三生教育"实施现状与改进策略分析

随着教育改革的推进,教育工作者也在不断地寻求全新的教育改革方案,力求能够让受教育者得到最佳的教育,让受教育者成为对社会有价值的人。"三生教育"就是近年来推出的一种全新教育理念,也就是说通过教育,让学生能够接受生命、生存以及生活三方面的教育,以帮助受教育者树立正确的生命观、生存观以及生活观,通过学校、家庭以及社会的多方力量来达到最终的教育目的。但是就目前"三生教育"的实施情况来看还存在着一定的问题,需要采取有效的措施来解决,才能够促进教育事业的发展。

一、"三生教育"的实施现状

1. 缺乏学校家庭的联合平台

在"三生教育"这一政策的实施过程中,目前来说比较现实的问题就是缺乏学校、家庭的联合平台,教育其实并不是学校单方面的事情,同样也需要家庭方面的支撑。但是就目前的情况来看,来自家庭方面的支撑是比较少的,家长将孩子送进学校之后,就完全地交给了学校方面,却忽视了自身应该起到的作用。就算是一些家庭起到了一定的作用,那也是单方面的,学校和家庭并没有形成一个联合的平台,而是分成了两个独立部分。"三生教育"是需要多方力量的配合支撑才能够完成的,如果简单地依靠单方面的力量很难实现最终的教育目标,所以就目前学校与家庭脱节的现象应该重点地改进。

2. 社会舆论宣传引导不到位

新的教育模式并不是每个人都知道和了解的,并且一种教育形式需要形成一定的社会效应才会引起足够的重视,因此做好社会舆论宣传是非常必要的。首先要让社会大众明白"三生教育"的理念是什么,想要达到的最终目标又是什么,如果简单地提出这样一个概念,很多人都很难理解这是一种怎样的教育形式,想要达到怎样的教育结果。但是就目前的情况来看,"三生教育"的社会宣传力度还不够,很多人都不清楚这一教育形式,更不用说了解和支持了,这也就导致这一理念在实施的过程中会受到多方面的阻碍。

3. 互联网垃圾信息带来影响

随着信息技术的发展,互联网在人们的生活中应用得越来越普遍,方便生活的同时也带来了一些负面的影响。一些互联网上的垃圾信息影响着学生思想,严重的情况可能会对受教育者生活造成影响。这些负面信息会让受教育者产生不正确的生命观、生存观以及生活观,这样的负面影响严重地影响着"三生教育"的实施。

二、"三生教育"的改进策略

1. 积极发挥家庭的支持作用

要想让受教育者能够得到良好的教育,实现多方面的正面影响,那么家庭方面就需要高度重视起来,充分地认识到"三生教育"的教育理念。在平时的教育生活当中,家庭与学校应该成为一个有机的整体,形成一个联合平台,从多方面来约束和监督受教育者的行为和思想。家庭环境和学校环境同样都是非常重要的,整体教育氛围的好坏直接影响着受教育者的心理状态以及思想变化,实施"三生教育"这一教育理念的时候,一定不能忽视了家庭的重要支持作用,营造一种良好的家庭氛围是最基本的教育要素,同时家庭成员还有义务对受教育者的思想行为进行监督引导,从多方面来配合学校教育制度的实施,采取一定的措施来和学校方面建立联系,双方互相沟通和交流,随时了解受教育者在不同时期的表现,以便能够及时地发现问题,并进行纠正。

2. 积极进行媒体宣传和引导

要想"三生教育"这一全新的教育理念能够顺利地实施,媒体宣传和引导是必不可少的,作为一种新型的理念,需要不断地推广和宣传才能够使人们更加容易接受。就目前的社会状况来说,人们对于教育问题是十分关注的,如果宣传力度足够大的话就可以引起人们的重视和配合,同时也能够极大地帮助这一教育理念的顺利实施。可以选择在小区或者是人员比较密集的地方进行宣传教育,让更多的普通人能够了解到这一教育理念。另外还可以在一些媒体平台上进行宣传,利用网络或是电视平台等,让更多的人能够了解,并且进行积极的引导,让人们认识到这一教育理念对于受教育者的切实好处。

3. 强化网络监督和管理工作

信息技术的发展使得网络成为一把双刃剑,能够帮助人们完成复杂的运算,实现数字化和智能化的管理,同时也会出现一些垃圾信息，影响着人们的生活。近年来随着互联网的普及，网络上的信息内容也变得混杂起来，各种各样的信息都呈现在网络上，造成了网络平台的混乱。应该加强对网络平台的监督管理力度，对于一些有损身心健康的网站或是网页进行打击关闭，清除掉一些反动的、不利于身心健康的文章，使得网络成为人们生活的好帮手，而并非毒害人们思想的工具。在教育工作的开展过程中，应该严格地控制和管理网络教育工作，通过学校、家庭以及社会的多方配合，让受教育者接触到比较健康绿色的网络环境，学会利用网络而并非依赖网络。减轻了网络垃圾信息对于学受教育者的影响，会更加有助于受教育者正确观念的形成。

总而言之，目前的"三生教育"在实施的过程中仍然存在着一定的问题，缺乏家校平台的支撑，社会舆论宣传不到位以及网络垃圾信息的影响等，这些都是比较严重的问题，阻碍了这一教育理念的实施，需要采取有效的措施来改变现状，针对问题实施有效的策略，改善目前存在的问题才能够让受教育者养成良好的价值观念，实现教育的最终目的。

良好的家庭教育

著名教育家陶行知先生曾经说过：没有爱就没有教育。所以，家庭教育的根本所在就是用爱心去关怀孩子，用爱心去感染孩子。家庭教育的最大特点就在于家庭是由浓浓的亲情联系在一起的，这种亲情是任何东西都不能取代的，这份亲情是世间独一无二的。家庭教育对于孩子的影响是非常重大的，家庭是孩子出生后所进入的第一所学校，也是一辈子都不会改变的学校，家庭中的父母会是孩子的第一位老师，也是孩子生命中最重要最珍贵的人，父母的一言一行、一举一动都会是孩子学习和模仿的对象。

"作为父母，都应该为自己创造的生命而骄傲，不管孩子是健全的还是残疾的，作为父母都应该饱含深情地拥抱他，亲吻他，百分之百接纳他。"这是我国著名的教育家周弘老师所说的原话，周弘老师在对孩子的家庭教育中主张的是对孩子进行赏识教育。爱护孩子是每一个父母的天性，教育孩子也是每一个父母应尽的责任与义务，然而，随着社会的发展与人们生活水平的提高，似乎已经找不到一个完全适合现代家庭教育孩子的模式了，许多家庭中甚至出现了过度溺爱孩子的现象，这对于孩子的成长是极为不利的，我始终坚信，在这个世界上，没有教不好的孩子，只有不会教的父母。下面是我对家庭教育的几点经验与认识：

1. 培养孩子的良好的道德品质以及生活习惯是教育孩子的重中之重

人之初，性本善，性相近，习相远。孩子从出生的那一刻就是一张洁白如雪的纸，他没有任何的理念与价值观念，他不会去辨别事情的是非对错，孩子的道德品质与价值标准都是在父母的言传身教当中慢慢形成的。道德品质是一个人一生中最宝贵的精神财富，而一般人的道德品质都是在幼年时期产生并定性，所以人在幼年所受到的教育是会影响他的一生的，家长必须要注意自己的言行举止，用正确的道德标准与道德观念来教导自己的孩子，让孩子知道生活在这个世界上应该坚持的做人原则。通常父母的教导会从优秀的传统文化和礼仪开始，比如尊老爱幼、诚信友善、团结友爱、善良勤劳等等，但是作为父母需要注意的一点就是口头上的教育始终不会有太大的影响能力，一定要进行身教，首先要约束自己的行为，以身作则，言传身教。父母在生活中的每一个细节都会得到孩子的关注，孩子对父母的依赖程度是无法用言语来进行表述的，孩子会把父母所有的言行举止都看在眼里，并且在潜移默化中慢慢进入孩子的心里，逐渐积累成为孩子的价值观念，孩子通过一些外在的行为与言语的表现展现出这个孩子的道德品质，家长需要谨记这样的一个教育理念：要想让孩子成才，必须先让自己的孩子学会做人。

一个人的成功与否与他自始至终的习惯有着非常紧密的联系。心理学家威廉·詹姆士说："播下一个行动，收获一种习惯；播下一种习惯，收获一种性格；播下一种性格，收获一种命运。"

可见，良好的习惯对于孩子的成长来说是多么的重要，良好的习惯可以助人走向成功，而不良的习惯却容易让人堕落。父母在进行家庭教育时一定要注意选用科学合理的方式去培养孩子良好的习惯，正确地要求和教导孩子，用更多的宽容与耐心去教化，用爱心与情感去教化，而不是利用父母的权威身份对孩子进行强制性教育。

2. 对孩子采用赏识教育法，树立孩子的自信心

有一句俗语是这样的：在鼓励中长大的孩子，将来必能充满自信，在赞美中长大的孩子，将来必能心存感恩。拿一个简单的例子来进行说明：一般孩子会在三年级时开始接触作文，一个小孩在三年级的下半个学期时，写出来的作文还是经常会出现语句不通、错字连篇的现象，他每次在写完作文之后都不会让他的父母看，因为父母对作文的事情已经批评、训斥他了无数次，我们可以理解父母的着急情绪，但是显然这种教育方式是错误的，孩子不可能在这样的教育方式中得到任何的提升，甚至在他的观念里，他已经形成了自己就是写不好作文，自己就是很差劲的潜意识。同样的情况，换到另外一组家庭中，父母所采取的教育方式是完全不同的，这对父母没有去批评孩子，而是用平和的语气去安慰孩子，并在生活中多引导他关心周边的事物，帮助孩子找到作文写作的正确方法，给他买了多种课外读物，并陪他一起阅读。这个孩子的作文水平在日积月累的过程中一点点地进步了。这就是赏识教育，这就是对孩子的鼓励与支持，不管孩子表现出哪些方面的不足甚至是缺点，作为家长要永远站在孩子的这一方，以孩子的内心需求为出发点，陪伴孩子一同进步，帮助孩子树立自信心。

3. 给予孩子自由发展的空间

前段时间看到一幅漫画，孩子搭着一双血淋淋的翅膀，低头站在父母的面前，漫画的配文是这样写的：你们折断了我的翅膀，为什么还要怪我不会飞翔？当时我看到这幅漫画时，心里感触颇多。受到我国传统教育观念的影响，现在许多父母依然在强迫孩子按照他们的规划来走人生路，这样的教育观念是不科学的，每一个孩子都是独一无二的，他们是一个个闪着耀眼光芒的小天使，他们有着自己的理想与追求，作为父母一定要给予孩子自由的发展空间，父母没有权利去阻止孩子的兴趣爱好。

不同家庭中孩子的遗传、个性能力、智力、气质等方面均千差万别，父母应根据自己孩子的具体情况给予适时适当的教育，也就是知人善教，这是十分重要的。只有遵循孩子身心发展的规律，因势利导、因材施教，才能把孩子培养成真正的有用之才。

"三生教育"的必要性与课堂教学

每个生命都有自身的价值和意义，人类在生活中要尊重生命、关爱生命，这样才能够更好地感受生活的快乐，提升自身的生活质量。通过"三生教育"，教师也可以让学生对自身有更好的认识，帮助他们树立正确的生命观、人生观和价值观，并且能够在今后的学习生活中处理好生命、生存、生活三者之间的关系。因此教师要做好"三生教育"工作，充分体现当代教育的人文思想，从而满足学生今后的发展需求。

一、"三生教育"的关系及必要性

1. "三生教育"的关系

生命、生存、生活它们三者之间的联系非常紧密，人们只有尊重他人的生命，才能够获得他人的尊重；只有尊重大自然的生命，才能够获得更好的生存环境，获得更好的发展空间。而良好的生存空间又可以为人类带来更多生活上的享受，感受到生活中的美好，提升自身的生活质量和思想素质，进而会更加尊重生命、尊重自然。教师在进行"三生教育"时要处理好三者的关系，也要做好相应的引导工作，让学生在生活中尊重生命、尊重自然，从而获得更好的生存环境和生活空间，提升自身的生活质量。

2. "三生教育"的必要性

"三生教育"主要是关于生命、生存、生活的教育，它作为一种新的教学形式，教师在教学过程中要做好充分的准备，突出"三生教育"的必要性，最终达到教学目标，提升学生的思想政治素质。

（1）"三生教育"能够培养学生正确的生命观。在传统的思想政治教育中，教师比较重视学生人生观和价值观的引导，但是对学生生命观的教育不够充分，长期在这样的状态下导致学生对生命产生一种漠视，人与人之间的相处变得利益化，最终影响到学生未来的发展状况，严重时还会影响到社会秩序的稳定。通过"三生教育"，可以让学生形成正确的生命观，懂得生命的珍贵，在以后的生活和学习中能够尊重他人和自己的生命，减少学生杀人事件和自杀事件的发生。如复旦大学研究生的投毒事件、马加爵的杀人事件，都是由于他们自身对生命的漠视，没有树立正确的生命观，最终导致惨剧的发生。

（2）"三生教育"能够提升学生的生存能力。当前我国许多学生的受挫折能力较低，一旦遇到困难就会退缩，严重时会产生轻生的念头，从而降低了他们的生存水平，不利于我国社会的良好发展。所以教师在今后的教学中应该要做好"三生教育"，提高学生应对挫折的能力。同时教师还要做好学生的心理辅导工作，让他们掌握较多的生存技巧，在遇到问题时可以冷静应对，降低这些问题对学生的伤害，提升学生的生存能力。近些年来，学校跳楼事件频发，这些学生大部分都是由于学习压力过大或者情感纠葛而放弃自己的生命。他们在受到挫折后没有采取积极态度应对，不仅失去自己的生命，同时还给家人带来巨大的痛苦。

（3）"三生教育"能够树立学生科学的生活观。生活是否幸福不仅取决于物质条件，同时还依赖自身的生活观念。所以教师在"三生教育"的课堂上要指导学生树立科学的生活观，感受生活中的快乐，提升学生的幸福感，提高他们的生活质量，最终达到"三生教育"目标。比如洪战辉，他的生活虽然贫困，但是却依然能够保持乐观的心态面对生活、面对困难，不仅自己完成了学业，同时还帮助了他人。正是他良好的生活观指导他去感受生活中的美，并采取积极行动改变自己的生活。

二、"三生教育"课堂融入策略

1. 政治课堂的"三生教育"融入实践

政治教师在进行课堂教学时，应该要将"三生教育"融入其中，制订出比较完善的教学方案，从而提升学生对生命、生存和生活的认识。在将"三生教育"融入政治课堂时，教师要将教学内容生活化和焦点化，把这些内容与生活紧密联系，让学生感受到尊重生命、尊重自然的重要性，调动他们学习政治课程的积极性，一切问题从生命角度出发，从日常生活出发，丰富学生的精神世界，满足学生的政治学习需求。例如：教师在讲解叙利亚问题时，中国对叙利亚的物资援助就是本着人道主义的原则，尊重生命的表现。而我国政府积极保护在叙利亚中国公民和华人华侨的利益，不仅可以保障他们的生命财产安全，同时也可以保证他们的生存环境，让他们有着更好的生活质量，这也是尊重生命的体现。

2. 历史课堂的"三生教育"融入实践

历史教师在进行教学时,也可以将"三生教育"融入其中,给予学生更多的思考空间,让他们感受到"三生教育"的重要性。教师可以将历史课堂设置成一个"情感场",学生在学习过程中融入自己的情感,体会到每一个生命的价值,并树立正确的生活观,提升他们今后的生活质量。例如:第二次世界大战的爆发正是由于纳粹的暴力主义倾向。他们对生命的不尊重,使得世界人民处于水深火热之中,不仅失去美好的家园,甚至失去生存的权利。从这样的历史悲剧中,学生可以认识到当前美好生活的来之不易,能够树立他们正确的生命观,珍惜现在的生活,努力提升他们的生活质量。

3. 地理课堂的"三生教育"融入实践

地理课堂与"三生教育"也紧密联系,教师在教学时要提升学生对生命、对自然的认识,在生活中能够尊重自然,保护我们赖以生存的环境,这样才能够达到"三生教育"的目标。例如:黄土高原千沟万壑的景象,就是由于人类对自然的不尊重造成的,长期地砍伐森林,导致黄土高原植被减少,再加上大雨冲刷,使得当地水土流失严重,从而形成了当前的景象。除此之外,我国前些年雾霾严重,这也是由于环境污染引起的。雾霾不仅降低了当地的环境质量,严重时还会威胁人类的生命健康。教师通过这样的地理教育,可以提升学生的环境保护意识,在今后的生活中减少资源浪费行为,并积极投入环境保护工作中,从而达到地理课堂的"三生教育"目标。

4. 生物课堂"三生教育"融入实践

生物课堂上学生可以学到许多与生命相关的知识，因此教师在课堂上可以将"三生教育"融入其中，提升学生对不同生命的认知，引导他们树立正确的生命观、人生观、价值观、生活观。例如：教师在讲解动物解剖实验时，就可以为学生讲解动物对人类的贡献。同时还要向学生讲解实验操作方法，最大限度减轻动物的痛苦。这是对动物生命尊重的一种表现，它能够提升学生的生命意识，在以后的生活中学会尊重生命、热爱自然，从而提高自身的生活质量。

每门课程都有自身的特点，而且每门课程教学都与"三生教育"息息相关，教师在教学过程中应该结合本课程的特色，将"三生教育"融入其中，让学生感受到生命、生存、生活三者的重要性。比如语文中的人文教育、物理化学中的生命原理教育、数学生活应用教育都与我们的生活紧密联系，教师在课堂上可以将"三生"理念融入其中，从而提高学生对自然、对生活的认识，最终达到"三生教育"的目标，指导学生树立正确的生活观、价值观。

家庭学校社会三方合力推进"三生教育"

所谓"三生教育",就是通过教育让学生能够树立一个正确的生命观、生活观以及生存观,来加强学生认知和行为的过程,而要想更好地推进"三生教育",就需要整合学校、家庭以及社会这三方的教育力量。

一、"三生教育"的主要内涵

"三生教育"就是利用教育的力量,来使学生树立一个正确的生命观、生活观以及生存观,也即是通过将学校、家庭以及社会三方的力量进行整合,来激发学生的主体认知,激发学生的行为实践,最终帮助学生树立一个正确的三观的目标过程。生命教育旨在引导学生去正确地认识生命,让学生能够尊重生命,促使学生能够健康地去发展生命,实现生命的意义。而生活教育则是引导学生去了解生活中的一些基本常识,让学生能够切实掌握生活中的一些生活技能,使学生能够获得生活的体验,帮助学生树立正确的生活观念,使他们能够在今后的日常生活中养成一个良好的生活习惯。生存教育就是在教学过程中,引导学生去学习生存知识,让他们能够掌握一些必备的生存技能,进而提高他们的生存适应能力。

"三生教育"主要是以生命、生存、生活三方面为核心开展的教育,是由生命教育、生存教育、生活教育所组成的一个复合概念,是一种较为全面的教育,是一种突出以人为中心的教育。由于受到我国应试教育的影响,受到传统教学手段的束缚,我国的教育体系的弊端也日益凸显出来,而"三生教育"正是对我国现行教育体系的修补,使我国教育能够实现对人生命成长的关注,从而体现"以人为本"的教育理念。

二、学校、家庭以及社会教育与"三生教育"的联系

1. 两者都有共同的追求目标

"三生教育"一方面是教学的内容,另一方面也可以说是教学的形式。现如今,我国推行素质教育,旨在提高学生的全面发展,这是学校、社会以及家庭教育所追求的目标,也是"三生教育"的核心思想。人要想实现全面发展,那么就有一个重要的前提条件,那就是要珍爱生命,要学会如何生存,学会如何生活。无论是"三生教育"还是学校、家庭以及社会教育,都需要以此为目标对学生进行培养。

2. 两者都能够丰富当前的教育形式

在我国的传统教育中,所重视的是对学生的知识传授,重视的是对学生的知识考核,但是却没有重视让学生接触我们生命特征的这一知识,这就导致在学习过程中,学生死读书、读死书,为了考取高分而不惜一切代价,这就导致学生的发展不够全面,缺乏必要的锻炼,不利于他们今后的进一步发展。因此,就有必

要突破传统的这一教学模式，开辟其他的教育形式。以"三生教育"为主要内容，我们的学校、家庭以及社会，都能够为学生创造一个参与的环境，而且，"三生教育"也应该成为学校、家庭以及社会教育所关注的重点，应该成为这三种教育的目标。

3. 两者都能够焕发出教育新的活力

众所周知，父母是孩子的第一任教师，对孩子今后的发展有着重要的影响，因此现在越来越多的人已经认识到家庭教育的重要性。而除了家庭教育，学校教育也是极其重要的，学生大多数时间都是在学校度过的，其受教育程度的好坏会直接影响到他们后期的发展。此外，随着时代的变化与发展，人们逐渐认识到社会教育对孩子发展的重要性。故此，学生受教育程度的好坏，是需要学校、家庭以及社会这三方教育的共同配合，这三者要相互沟通，各司其职，形成一个强力的教育联合体，如此一来，就能够焕发出教育新的活力，使学生受到全方位的教育。

三、 家庭、学校以及社会对"三生教育"的重要作用

1. 家庭教育对"三生教育"的作用

家庭是一个人最先接受教育的地方，也是能够对一个人进行终身施教的地方。与学校教育相比，家庭教育并没有如同学校一样的专业教育系统，但是家庭教育对一个人品质的形成、人格的塑造等都是学校教育所难以比拟的。当一个人出生之后，家庭便是其第一生活环境，他们的身心健康与否就需要依靠家庭教育。而"三生教育"要想更好地推进，就必须要从家庭教育着手，要加强与孩子家长的联系，让他们明白"三生教育"的主要内涵，

了解其对学生的重要影响。

2. 学校教育对"三生教育"的重要作用

与家庭教育以及社会教育相比,学校教育有着以下三方面的特点,目的性较强、专业性较强、系统性较强,是学生接受系统知识教育的主阵地。因此,要想进一步推动"三生教育",学校就需要安排专门的教师去参与"三生教育"的相关培训。如此,方能够让广大教师切实了解到"三生教育"的含义,了解开展"三生教育"的目的以及意义。

3. 社会教育对"三生教育"的重要作用

社会教育包含许多方面,对学生的影响较为随机,社会教育的教育方法非常灵活而且多样,所以一定要加以利用,促使其能够对学生产生正面的影响。要将社会各组织机构进行组织,为学生创造"三生教育"的具体情境,将社会中的一些正能量调动起来,向学生宣传珍爱生命、学会生存以及珍惜生活的教育理念,让学生能够融入社会大课堂之中,使他们能够体会到不同的社会角色,增加他们的分析能力,提升他们的应变能力,扩大他们的社会交往范围,从而促进他们素质的全面发展。现如今,社会上许多负面的新闻误导了人们对社会的认识,影响了学生对社会的正确认知。

四、 如何加强家庭、学校以及社会三方来共同推动"三生教育"

学校是学生接受系统性知识学习的主要阵地,是一个有目的、有计划的教育环境。在学校、家庭以及社会这三方教育之中,学校教育起主导作用,因为学校是学生学习的主要阵地,所以要想推动三生教育的发展,就需要教师将生存教育、生活教育以及生命教育融入课堂学习之中,让学生能够在课堂中了解"三生教育"的含义。此外,教师可以创设真实的情境,来让学生在具体情境之中了解"三生教育",并掌握这三种教育。故此,就需要我国教育部门有计划地推行对教师"三生教育"的培训工作,将该教育也融入教师的教学任务之中,如此,才能够让广大教师提高认识,使他们能够在今后的教学中积极主动地推动"三生教育"。另外,要让广大教师加强与家庭以及社会的联系,与家长进行沟通,让他们能够了解"三生教育"对学生的重要影响,让他们在平常的家庭教育中融入"三生教育",使学生在生活中能够掌握生活教育的知识内容;社会教育是学生接受教育的延续,因此教师要多与周边社区进行沟通,加强双方的联谊活动,让学生通过参加志愿者的活动,来让他们切实感悟珍爱生命的教育。此外,通过让学生去参观农民的辛勤劳作,让学生真实感悟到生存教育。如此一来,就将学校、家庭以及社会这三方紧密地联系在一起,通过相互之间的沟通与合作,来推动"三生教育"的发展。使学生受到更加全面的教育,为他们今后的发展打下坚实的基础。

要想进一步推动"三生教育",就需要加强学校、家庭以及社会这三方之间的联系,这三种教育各具特性,对学生的健康成长都扮演着不同的角色,因此只有将这二种教育有机地结合起来,才能够更好地推动"三生教育",让学生深刻地了解并掌握生命教育、生存教育以及生活教育。如此,就能够使学生受到更好的教育,使学生得到更好的发展。

后　记

　　每修改一次，总觉得诸多地方不够完善。这应当是教育话题太大，而我只是那仰望星空的井底之蛙，叙述着自己那一点点教育心得。

　　《蹈水之道——学生期待的教育》，主要是想阐述学生想在学习、生活、学校、家庭、社会中得到什么样的教育，找到学习的规律并掌握规律，使其在学习中领悟真谛、得到关怀、向阳而生，在爱的氛围里健康成长、在教的氛围里学有所学。

　　从我个人的工作经验来总结，学生最期待的教育是充满温度、尊重、宽容、鼓励和良好的方法。这些期望值其实并不高，因为这是教育的本质，同时又较高，因为要求的对象不仅仅是老师，还有家长和社会。

　　面对满怀期待的学生，老师唯有心怀对教育的热爱，肩扛教育的责任，秉承"藏器于身，待时而动"的理念，才能做到"不负如来不负卿"，让学生满意，让家长满意，让社会满意。

在写作过程中，参考了不少专家、学者的著作，借鉴了他们部分思想；还学习了一些老师撰写的文章，有的因为找不到作者姓名，故未能提及引用之处，在此一并感谢。

由于对教育的理解认知和写作水平有限，本书一定存在诸多不足，权当抛砖引玉，希望读者批评指正。

作 者

2023 年 3 月 8 日